maru 韓国語

中級

韓必南・金民・全恵子　著

HAKUEISHA

はじめに

　『maru 韓国語 中級』は初級教材『マル韓国語』の続編として、韓国語の基礎を学習した人に向けて執筆しました。大学や市民講座などで学習した後、さらに次のレベルにステップアップできるように作られた教材です。

　本書は、日本の大学で韓国語を学んだ主人公が韓国に短期留学するという設定で話が進んでいきます。韓国での留学生活を通して主人公は様々な人と出会い、韓国語や身近な韓国の文化に触れていきます。

　各課は、【主要単語】【文法】【練習問題】【会話文】【作文】の順序で提示されています。大学において週１回の授業であれば約１年間で終えることができます。文法はできる限り簡潔な説明をして、用例や対話形式の練習問題を通して理解が深まるように工夫しました。日常的で実践的な語彙や表現を取り入れつつ、会話文においては、自然な表現や対話のリズムという点に注意しました。そして最後に作文を通して、その課の学習内容を確認できるような構成となっています。

　本書を通して学習者の皆さんは韓国での留学生活を疑似体験し、実践的なコミュニケーション能力を高めていくことができるでしょう。そしてその成果を、様々な場所で人々との交流を通して実感できることを願っています。

　最後に、本書を出版に導いてくださった代表取締役の宋 炳敏氏、原稿執筆においてお世話くださった編集委員の三浦智子氏に心よりお礼を申し上げます。また、出版に至るまで様々なご意見や助言をくださった全ての皆様に深く感謝の意を表します。

著者一同

目次

課	テーマ	学習文法	頁
第1課	공항 마중 사람이 많아서 시간이 걸렸어요.	-아서/어서	3
		-께서	7
		-고 있다 -고 계시다	8
		-(으)십시오	11
		会話	13
第2課	방문 주말에 시간이 있으면 같이 가요.	-지만	19
		-한테서	21
		-(으)면	22
		ㅂ불규칙활용	24
		会話	27
第3課	기숙사 학교 식당에 가 봤어요?	-(으)ㄹ게요	33
		-(이)라도	35
		-아/어 주다	36
		-아/어 보다	38
		会話	40
第4課	구경 행사가 있으니까 붐빌 거예요.	-(으)ㄹ 거예요	47
		-(으)니까	51
		-네요	54
		ㄷ 불규칙활용	56
		会話	58
第5課	외식 요즘 인기 있는 맛집이에요.	-는, -(으)ㄴ, -(으)ㄹ	65
		-(으)ㄴ	70
		-(으)ㄹ 때	73
		-(이)나	75
		-거나	76
		会話	77

ii maru 韓国語 中級

第6課	외출 교대역에 가려면 어떻게 가야 해요?	-(으)ㄹ 수 있다/ 없다	83
		-(으)려고 -(으)려고 하다	86
		-아야/어야 되다	89
		-(으)려면	91
		会話	93
第7課	병원 약은 하루에 세 번 식사하신 후에 드세요.	-(으)ㄴ 후에	99
		-기 전에	102
		ㅅ불규칙활용	104
		-는데, -(으)ㄴ데	106
		会話	109
第8課	시험 날 듣기 시험은 다들 힘들어하는 것 같아요.	**動詞**-(으)ㄴ/는/(으)ㄹ 것 같다	115
		形容詞-(으)ㄴ/(으)ㄹ 것 같다	120
		-아/어하다	125
		르 불규칙활용	127
		会話	130
第9課	쓰레기 분리 수거 음식물 쓰레기를 그냥 버려도 돼요?	-(으)면 되다	137
		-(으)면 안 되다	140
		-아도/-어도	142
		-아도/어도 되다	144
		会話	146
第10課	다문화 축제 다문화 축제에 참여해 본 적이 있어요?	-(으)ㄴ 적이 있다/없다	153
		-(으)면서	156
		-(으)ㄹ 줄 알다/모르다	158
		-지 못하다	160
		会話	162
索引		文法リスト	165
		語彙索引	170

音声は、QRコードを
スキャンするとダウンロードいただけます。

유이의 한국행

안녕하세요. 저는 야마다 유이입니다.

일본에서 한국인 친구 태형 씨를 만났습니다.

우리는 절친입니다.

저는 한국 문화에 관심이 많습니다.

한국을 더 많이 알고 싶습니다.

그래서 올해 3월부터 한국 대학교의 어학당에 한국어를 배우러 갑니다.

한국에서의 유학 생활이 정말 기대됩니다.

※ 절친 親友, 문화 文化, 관심이 많다 (とても)興味がある, 그래서 それで, 어학당 語学堂, 유학 留学, 생활 生活, 기대되다 楽しみだ

第1課 공항 마중 🎧2

사람이 많아서 시간이 걸렸어요. 🎧3

人が多くて時間がかかりました。

1課　学習文法

1	-아서/어서	〜ので・から、〜て
2	-께서	〜が（尊敬）
3	-고 있다	〜ている
	-고 계시다	〜ていらっしゃる（尊敬）
4	-(으)십시오	お〜ください（尊敬）

単語

거래처	取引先	열리다	開く、開かれる
고르다	選ぶ	요즘	最近
구매하다	購入する	유심 카드	SIMカード
그냥	そのまま、ただ	-(이)요?	～ですか
금방	すぐに	이대로	このまま
길이 막히다	道が混む	이제	今
늦잠(을) 자다	朝寝坊（を）する	일이 생기다	用事ができる
데우다	温める	입국 심사	入国審査
(도장을) 찍다	（判子を）押す	자리	席
돌리다	回す	작성하다	作成する
먼저	まず	제일	一番、最も
밀다	押す	조언	助言、アドバイス
바로	まさに、すぐ	조용히	静かに
반찬	おかず	줄을 서다	（列に）並ぶ
밤늦게	夜遅く	짐	荷物
보고	報告	참	あ、そうだ
볶다	炒める	참치	ツナ
빌리다	借りる	초대하다	招待する
서점	書店	통신사	通信会社
세탁기	洗濯機	통화	通話（する）
손을 들다	手を挙げる	피곤하다	疲れる
수고하다	苦労する	하루 종일	一日中
신청하다	申請する	혼나다	叱られる
알려 주다	教える、知らせる	화분	植木
연결하다	繋ぐ、結ぶ	화장품	化粧品

1課 공항 마중

文法 1　-아서/어서　～ので/～から/～て

学習文型

늦어서 죄송합니다.
遅れて申し訳ありません。

카페에 가서 커피를 마셔요.
カフェに行ってコーヒーを飲みます。

語尾

（1）用言に付いて、先行する内容が後の内容の【理由・原因】であることを表します。

　-겠-、-았/었- は接続せず、文末に命令・勧誘・依頼の表現は来ません。

接続

陽母音語幹	받다 もらう	-아서	받아서 もらって、～ので
陰母音語幹	늦다 遅い、遅れる	-어서	늦어서 遅くて、～ので
하다語幹	도착하다 到着する	-여서	도착해서 到着して、～ので

第 1 課 공항 마중　3

> **用例** 🎧 5

① 오늘은 바빠서 점심을 못 먹었어요.
② 늦잠을 자서 지각했어요.
③ 일이 생겨서 먼저 가겠습니다.
④ 밤늦게까지 게임을 해서 엄마한테 혼났어요.

> **参考** 🎧 6

　名詞-(이)다（〜なので）の場合は名詞-이어서/여서または -(이)라서となります。
⑤ 방학이라서 시간이 많아요.　　休みなので時間があります。
⑥ 휴가라서 출근을 안 해요.　　休暇なので出勤しません。

　(2) 動詞に付いて、【動作の先行】を表します。前の内容と後ろの内容が緊密な関係にあります。
　-겠-、-았/었- は接続せず、前の動作と後の動作の主体は同じです。

> **用例** 🎧 7

⑦ 하라주쿠에 가서 쇼핑을 해요.
⑧ 지난 주말에 친구를 만나서 야구 보러 갔어요.
⑨ 아침에 일어나서 제일 먼저 무엇을 해요?
⑩ 참치하고 김치를 볶아서 먹어요.

> **注意** 1. 勧誘文、命令文では使えない。
> 　　　　바빠서 다음에 만납시다. 　（×）
> 　　　　시간이 없어서 먼저 가세요. （×）
> 　　　2. 過去形 -았/었- と結合しない。
> 　　　　았어서 / 었어서 / 했어서 　（×）

練習 1-1 　例にならい次の用言を活用させよう。

		–아서/어서			–아서/어서
例) 작다	小さい	작아서	(6) 좋아하다	好きだ, 好む	
(1) 좋다	良い		(7) 꺼내다	取り出す	
(2) 넣다	入れる		(8) 힘들다	しんどい	
(3) 좁다	狭い		(9) 흔들다	揺らす	
(4) 크다	大きい		(10) 감기이다	風邪だ	
(5) 기쁘다	嬉しい		(11) 유학생이다	留学生だ	

練習 1-2 　例にならい対話文を完成させよう。

例)
　　A: 왜 지각했어요? 　　B: 아침에 늦게 일어나다 / 전철을 놓치다
　　なぜ遅刻しましたか。 　→ 아침에 늦게 일어나서 전철을 놓쳤어요.
　　　　　　　　　　　　　朝、遅くに起きて電車に乗り遅れました。

(1) A: 이 영화 재미있어요? 　　　B: 네, 너무 재미있다 / 두 번 보다

　　　→ _____

(2) A: 왜 이제 와요? 　　　　　　B: 길이 많이 막히다 / 늦다

　　　→ _____

(3) A: 하루 종일 집에서 뭐 했어요? B: 피곤하다 / 그냥 쉬다

　　　→ _____

(4) A: 왜 모임에 안 왔어요? 　　　B: 시험 기간이다 / 바쁘다

　　　→ _____

(5) A: 지민 씨는 어디에 있어요? 　B: 일이 생기다 / 먼저 가다

　　　→ _____

第 1 課 공항 마중　5

練習 1-3 例にならい対話文を完成させよう。

例)

> A: 음료수는 어디(에)서 사요?　　B: 편의점에 가다 / 사다
>
> 　　どこで飲み物を買いますか。　　→ 편의점에 가서 사세요.
>
> 　　　　　　　　　　　　　　　　　コンビニへ行って買ってください。

(1) A: 책이 좀 비싸요.　　　　　　B: 도서관에서 빌리다 / 읽다

　　→ _____

(2) A: 어떻게 신청해요?　　　　　B: 이 서류를 작성하다 / 내다

　　→ _____

(3) A: 이 음식은 이대로 먹어요?　B: 전자레인지로 데우다 / 드시다

　　→ _____

(4) A: 문이 잘 안 열려요.　　　　B: 밖으로 밀다 / 열다

　　→ _____

(5) A: 어디서 기다릴까요?　　　　B: 저기에 앉다 / 기다리다

　　→ _____

文法2 -께서 ～が（尊敬）

学習文型

🎧 8

반찬은 할머니께서 만드셨어요.
おかずはおばあさんが作られました。

助詞

主格助詞【-가/이の尊敬形】

用言の尊敬形と一緒に使われるのが一般的です。

-께서는（〜は）、-께서도（〜も）などの形でも使われます。

用例

🎧 9

① A: 반찬이 맛있어요. 누가 만들었어요?

　 B: 할머니께서 만드셨어요.

② A: 어떻게 알았어요?

　 B: 선생님께서 말씀하셨어요.

練習 1-4　例にならい文を完成させよう。

例)	아버지	신문을 읽다	아버지께서 신문을 읽으셨어요. お父さんが新聞をお読みになりました。
(1)	어머니	요리를 만들다	
(2)	할아버지	키가 크다	
(3)	사장님	보고를 받다	
(4)	선생님	조언을 하다	

第1課 공항 마중　⑦

文法3 -고 있다 ～ている
-고 계시다 ～ていらっしゃる（尊敬）

🎧 10

学習文型

지금 가고 있어요.
今向かっているところです。

사장님께서는 회의를 하고 계십니다.
社長は会議をしておられます。

文法的表現

(1) -고 있다（～ている）

　　動詞に付いて【動作の進行】を表します。

接続			
가다 行く、向かう	-고 있다 ～ている	가고 있다	가고 있어요 向かっています
먹다 食べる		먹고 있다	먹고 있어요 食べています

用例

🎧 11

① 밖에 비가 오고 있습니다.　　② 요즘 다이어트를 하고 있어요.

(2) -고 계시다（～ていらっしゃる）【-고 있다 の尊敬形】です。

接続			
드시다 召し上がる	-고 계시다 ～ていらっしゃる	드시고 계시다	드시고 계세요 召し上がっていらっしゃいます
살다 住む		살고 계시다	살고 계세요 住んでいらっしゃいます

maru 韓国語 中級

用例　🎧 12

③ 부모님은 고향에 살고 계십니다.

④ 할머니께서 차를 드시고 계세요.

参考

입다 (着る), 신다 (履く) のように、**着脱動詞**に –고 있다 や –고 계시다 が付くと、【**状態の継続**】を表す場合があります。

옷을 입고 있다 (服を着ている)/ 안경을 끼고 있다 (眼鏡をかけている)/ 목걸이를 하고 있다 (ネックレスをつけている)/ 모자를 쓰고 있다 (帽子をかぶっている)/ 우산을 쓰고 있다 (傘をさしている)/ 구두를 신고 있다 (靴を履いている)/ 신발을 벗고 있다 (履物をぬいでいる)

⑤ 지민이는 스웨터를 입고 있어요.　🎧 13

　チミンはセーターを着ています。

⑥ 정국이는 마스크를 쓰고 있어요.

　チョングゥはマスクをしています。

練習 1-5 　例にならい次の用言を活用させよう。

		–고 있어요			–고 계세요
例) 배우다	学ぶ、習う	배우고 있어요	(6) 알아보다	調べる	알아보고 계세요
(1) 불다	吹く		(7) 들다	持つ、入る	
(2) 걷다	歩く		(8) 찾다	探す	
(3) 씻다	洗う		(9) 주무시다	お休みになる	
(4) 운동하다	運動する		(10) 만들다	作る	
(5) 자다	寝る		(11) 드시다	召し上がる	

第 1 課 공항 마중　9

練習 1-6   例にならい対話文を完成させよう。

例)

A: 무슨 일이에요?　　　 B: 사장님 / 찾다 → 사장님께서 찾으셨어요.
　　どうしたんですか。　　　 社長　　 探す　　 社長が呼んでおられます。

(1) A: 어떻게 알았어요?　　 B: 선생님 / 알려 주다

→ _____

(2) A: 왜 조용히 말했어요?　 B: 할머니 / 주무시다

→ _____

(3) A: 시계 샀어요?　　　　 B: 아버지 / 주다

→ _____

(4) A: 거래처에 누가 갔어요?　 B: 과장님 / 가다

→ _____

(5) A: 이 일은 누가 시켰어요?　 B: 할아버지 / 시키다

→ _____

練習 1-7   例にならい文を完成させよう。

例)

언니 / 한국어 공부를 하다　 → 언니가 한국어 공부를 하고 있어요.
姉　　 韓国語の勉強をする　　　 姉が韓国語の勉強をしています。

할아버지 / 식사를 하다　　 → 할아버지께서 식사를 하고 계십니다.
おじいさん　 食事をする　　　 おじいさんが食事をなさっています。

(1) 마리 / 세탁기를 돌리다　　 → _____

(2) 동생 / 서점에서 책을 고르다 → _____

(3) 할머니 / 화분에 물을 주다　 → _____

(4) 부모님 / 서울 / 살다　　　 → _____

(5) 교수님 / 수업 준비를 하다　 → _____

文法4 　-(으)십시오　お～ください（尊敬）

学習文型　🎧14

어서 오십시오.
いらっしゃいませ。

語尾

【합니다体の命令形】です。

聞き手に対して丁寧に動作を促します。

接続

반침無	가다 行く	-십시오	가십시오 お行きください
반침ㄹ	만들다　ㄹ脱落 作る		만드십시오 お作りください
반침有	받다 受ける、もらう	-으십시오	받으십시오 お受けください

用例　🎧15

① A: 감사합니다. 안녕히 가십시오.

　　B: 네, 수고하세요.

② A: 어서 오십시오. 무엇을 찾으세요?

　　B: 화장품 코너가 어디예요?

③ A: 여기서 잠시만 기다리십시오.

　　B: 네, 알겠습니다.

第1課 공항 마중　11

練習 1-8 | 例にならい次の用言を活用させよう。

		-(으)십시오			-(으)십시오
例) 쓰다	使う、書く	쓰십시오	(5) 드시다	召し上がる	
(1) 들어가다	入っていく		(6) 따라하다	まねをする	
(2) 풀다	解く		(7) 고르다	選ぶ	
(3) 찾다	探す		(8) 찍다	撮る	
(4) 받다	受ける		(9) 읽다	読む	

練習 1-9 | 例にならい文を完成させよう。

例)

저쪽으로 가다　→　저쪽으로 가십시오. / 저쪽으로 가세요.

あちらへ行く　　　あちらのほうへ行ってください。

(1) 2층으로 올라가다　　　→ _____

(2) 손을 들다　　　　　　→ _____

(3) 여기에 줄을 서다　　　→ _____

(4) 서류에 도장을 찍다　　→ _____

(5) 자리에 앉다　　　　　→ _____

1課 会話

공항 마중

🎧 16

태 형: ① 유이 씨, 여기예요.

유 이: ② 많이 기다렸지요? 사람이 많아서 입국 심사에 시간이 걸렸어요.

태 형: ③ 괜찮아요. 저도 금방 왔어요. 짐은 저한테 주세요.

유 이: ④ 고맙습니다. 그런데, 휴대폰 통신사가 어디예요? 와이파이를 연결하고 싶어요.

태 형: ⑤ 아, 바로 저기예요. 그럼, 저는 통화 좀 하고 있겠습니다. 다녀오세요.

(휴대폰 통신사)

직 원: ⑥ 어서 오십시오.

유 이: ⑦ 저, 와이파이 유심 카드를 구매하고 싶어요.

(잠시 후)

태 형: ⑧ 참, 오늘 저녁에 시간 괜찮아요?
　　　 ⑨ 어머니께서 유이 씨를 집에 초대하셨어요.
　　　 ⑩ 연락을 기다리고 계세요.

유 이: ⑪ 정말이요? 좋아요.

発音

입국[입꾹]
연락[열락]

作文 1　次の文を韓国語に訳してみよう。

(1) 来週、友達に**会って**映画を見に行きます。

(2) 試験期間**なので**忙しいです。

(3) ラーメンを**作って（煮て）**食べましょう。

(4) おばあさんが服を着替え**ていらっしゃいます**。

(5) こちらでしばらく**お待ちください**。

作文 2　絵を見て自由に文を作ってみよう。
　　　　　（※ –아서/어서, –고 있다, –고 계시다, –께서）

(1)

(2)

(3)

【空港】に関する表現を増やそう！ 🎧 17

① 여권하고 탑승권을 보여 주세요.　パスポートと搭乗券を見せてください。

② 출발 20분 전까지 탑승 수속을 끝내십시오.
　　　　　　　　　　　　出発の20分前までに搭乗手続きを済ませてください。

③ 짐을 부치고 싶어요.　　　　　荷物を預けたいです。/ 送りたいです。

④ 포켓 와이파이를 대여하고 싶어요.　ポケットWi-Fiをレンタルしたいです。

⑤ 엔을 원으로 환전해 주세요.　　円をウォンに換えてください。

⑥ 공항 철도 타는 곳이 어디예요?　空港鉄道の乗り場はどこですか。

⑦ 리무진 버스 타는 곳을 가르쳐 주세요.　リムジンバスの乗り場を教えてください。

⑧ 버스 요금이 얼마예요?　　　　バスの料金はいくらですか。

⑨ 안내 데스크는 어디에 있어요?　インフォメーションはどこにありますか。

⑩ 시청역까지 얼마나 걸려요?　　シチョン(市庁)駅までどれくらいかかりますか。

第2課 방문

🎧 18

주말에 시간이 있으면 같이 가요. 🎧 19

週末に時間があれば一緒に行きましょう。

2課　学習文法

1	-지만	～けど、～だが
2	-한테서	～(人) から
3	-(으)면	～れば、～なら、～と
4	ㅂ불규칙활용	ㅂ 不規則活用

単語

감사 인사	お礼のあいさつ	사인	サイン
검색하다	検索する	선배	先輩
고맙다	ありがたい	시작하다	始まる、始める
교통비	交通費	식욕	食欲
그래서	それで	싱겁다	味が薄い
길을 모르다	道を知らない	아직	未だ
끝나다	終わる	야채	野菜
다투다	争う	어둡다	暗い
덥다	暑い	옛날	昔
돈을 벌다	お金を稼ぐ	인사동	インサドン（仁寺洞）
들다	持つ	잘못 나오다	間違って出てくる
등산	登山	잠깐만, 잠시만	少し、暫し
맛	味	졸업하다	卒業する
맥주	ビール	좁다	狭い
메일	毎日	종업원	従業員
모자라다	足りない	죄송하다	申し訳ない
몸	身体	집세	家賃
무슨	何の	차갑다	冷たい
물어보다	尋ねる	취직하다	就職する
미안하다	すまない	치킨	チキン、鶏肉
–밖에	〜しか	콘서트	コンサート
반갑다	（会えて）嬉しい	태권도	テコンドー
발음	発音	한가하다	暇だ
별거 아니다	大したものではない	할인되다	割引になる
사과하다	謝る	휴대폰	携帯電話、スマートフォン

18　maru 韓国語 中級

2課 방문

文法 1　-지만　～けど、～だが

学習文型　🎧 20

맛있지만 좀 비싸요.
おいしいけど少し高いです。

가고 싶었지만 시간이 없었어요.
行きたかったけど時間がありませんでした。

📖 語尾

　用言に付いて、前の内容と後の内容が【逆接】であることを表します。名詞の場合は -(이)지만 を用います。

　文の最初に 미안하지만, 죄송하지만 の形で使うと、丁寧さが加わります。

接続

行く	가다	-지만	가지만 行くけど
良い	좋다		좋지만 良いけど

第 2 課　방문　19

用例

🎧 21

① A: 그 식당 어때요?

　B: 좀 비싸지만 맛은 괜찮아요.

② A: 한국어 공부 어때요?

　B: 발음은 좀 어렵지만 재미있어요.

③ 죄송하지만 일이 있어서 먼저 가겠습니다.

練習 2-1 ｜ 例にならい文を完成させよう。

例）

밥, 맛있다 / 반찬, 맛없다	→ 밥은 맛있지만 반찬은 맛없어요.
ごはん、おいしい/おかず、おいしくない	ごはんはおいしいですが、おかずはおいしくありません。

(1) 집세, 비싸다 / 교통비, 싸다

→ _____

(2) 고기, 좋아하다 / 야채, 싫어하다

→ _____

(3) 춤, 잘 추다 / 노래, 못 하다

→ _____

(4) 동생, 있다 / 오빠, 없다

→ _____

(5) 오전, 바쁘다 / 오후, 한가하다

→ _____

文法 2　-한테서 ～(人)から

学習文型

🎧 22

친구한테서 전화가 왔어요.
友達から電話が来ました。

助詞

人を表す名詞に付いて、動作の【**出処や起点**】であることを表します。

서を省略した -에게, -한테 の形でも使われます。

主に、書き言葉では-에게(서)が使われ、話し言葉では-한테(서)が使われます。

用例

🎧 23

① 옛날 친구에게(서) 연락이 왔어요.
② A: 그 선물 누구한테(서) 받았어요?
　 B: 동생한테(서) 받았어요.

練習 2-2　例にならい文を完成させよう。

例) 미나	친구 友達	선물을 받다 プレゼントをもらう	미나가 친구한테서 선물을 받았어요. ミナが友達からプレゼントをもらいました。
(1) 영수	삼촌	태권도를 배우다	
(2) 지은	가수	사인을 받다	
(3) －	교수님	메일이 오다	
(4) －	선배	조언을 받다	

第 2 課 방문　21

文法 3　-(으)면　～れば、～なら、～と

🎧24

学習文型

오늘 바쁘면 다음에 만나요.
今日忙しいなら（また）今度会いましょう。

語尾

　用言に付いて、前の内容が後の内容に対する【条件や仮定】であることを表します。

接続

받침無	가다 行く		가면 行くと、行ったら
받침ㄹ	만들다 作る	−면	만들면 作ると、作ったら
받침有	먹다 食べる	−으면	먹으면 食べると、食べたら

用例

🎧25

① 주말에 날씨가 좋으면 등산을 가요.

② 질문이 있으면 물어보세요.

③ 음식이 모자라면 말씀하세요.

　なお、**名詞**に付く場合は -(이)면 となります。

④ 학생이에요? 학생이면 할인됩니다.

🎧26

　学生ですか。学生なら割引になります。

⑤ 아직 시험 기간이에요. 다음 주면 시험이 다 끝나요.

　まだ試験期間中です。来週なら試験が終わります。

22　maru 韓国語 中級

| 練習 2-3 | 例にならい次の用言を活用させよう。 |

	-(으)면			-(으)면
例) 가다　行く	가면	(6) 힘들다　つらい、しんどい	
(1) 졸리다　眠い		(7) 좋다　　良い	
(2) 먹다　　食べる		(8) 좋아하다　好きだ、好む	
(3) 아프다　痛い		(9) 기쁘다　嬉しい	
(4) 울다　　泣く		(10) 슬프다　悲しい	
(5) 있다　　ある、いる		(11) 없다　　ない、いない	

| 練習 2-4 | 例にならい文を完成させよう。 |

例)
> 예쁜 것을 보다 / 사진을 찍다 → 예쁜 것을 **보면** 사진을 찍고 싶어요.
> かわいいものを**見ると**写真を撮りたいです。

(1) 돈을 많이 벌다 / 차를 사다 　　→ _____

(2) 졸업하다 / 취직하다 　　　　　→ _____

(3) 여름이 되다 / 바다에 가다 　　→ _____

(4) 시험이 끝나다 / 콘서트에 가다 → _____

(5) 치킨을 먹다 / 맥주를 마시다 　→ _____

| 練習 2-5 | 例にならい与えられた表現を使って対話文を完成させよう。 |

약속에 늦다	몸이 아프다	길을 모르다
음식이 잘못 나오다	친구와 다투다	선물을 받다

例) A: 약속에 늦으면 어떻게 해요?　　　　　B: 연락을 해요.

(1) A: _____ 어떻게 해요?　　B: 종업원에게 말해요.

(2) A: _____ 어떻게 해요?　　B: 먼저 사과해요.

(3) A: _____ 어떻게 해요?　　B: 감사 인사를 해요.

(4) A: _____ 어떻게 해요?　　B: 병원에 가요.

(5) A: _____ 어떻게 해요?　　B: 휴대폰으로 검색해요.

文法 4　ㅂ不規則活用

🎧 27

学習文型

날씨가 너무 더워요.
とても暑いです。

ㅂ不規則活用

語幹の最後がパッチムㅂで終わり、後ろに母音（-으, -아/어）で始まる語尾が続くと、ㅂが우に変わります。

ㅂ받침 用言		母音で始まる語尾			※子音で始まる語尾
		–아서/어서	–아요/어요	–으면	–습니다, –고 など
		ㅂ→우 + 어		ㅂ→우 + 면	規則活用
무겁다	重い	무거워서	무거워요	무거우면	무겁습니다
춥다	寒い	추워서	추워요	추우면	춥습니다

用例

🎧 28

① A: 짐을 같이 들까요?　　B: 괜찮아요. 안 무거워요.
② A: 왜 조금밖에 안 드세요?　　B: 너무 더워서 식욕이 없어요.

ただし、곱다, 돕다は –아/어で始まる語尾が続くと、ㅂが오に変わります。

ㅂ받침 用言		母音で始まる語尾			※子音で始まる語尾
		–아서/어서	–아요/어요	–으면	–습니다, –고 など
		ㅂ→오 + 아		ㅂ→우 + 면	規則活用
돕다	手伝う、助ける	도와서	도와요	도우면	돕습니다
곱다	きれいだ	고와서	고와요	고우면	곱습니다

③ 어머니를 도와서 청소를 했어요.
④ 한복 색깔이 정말 고와요.

🎧 29

注意 次の用言は規則活用です。

입다 (着る), 좁다 (狭い), 잡다 (掴む), 씹다 (噛む)

⑤ 청바지가 편해서 보통 청바지를 자주 입어요. 🎧 30

ジーンズが楽なので普段よくジーンズを履いています。

⑥ 방이 좁아서 불편해요.

部屋が狭くて不便です。

練習 2-6 例にならい次の用言を活用させよう。

不規則活用		–아서/어서	–(으)면	–지만
例) 덥다	暑い	더워서	더우면	덥지만
(1) 맵다	辛い			
(2) 귀엽다	かわいい			
(3) 무섭다	怖い			
(4) 아름답다	美しい			
(5) 즐겁다	楽しい			
(6) 가볍다	軽い			
(7) 가깝다	近い			
(8) 두껍다	厚い			
(9) 돕다	助ける			
(10) 곱다	きれいだ			
規則活用				
(11) 입다	着る			
(12) 잡다	掴む			

第 2 課 방문 25

練習 2-7 例にならい対話文を完成させよう。

例)
김치가 맵다
A: 김치가 매워요?   B: 아뇨, 맵지 않아요. / 안 매워요.
   キムチが辛いですか。   いいえ、辛くありません。

(1) 방이 어둡다   A: _____

                    B: 아뇨, _____

(2) 음식이 싱겁다   A: _____

                    B: 아뇨, _____

(3) 짐이 무겁다   A: _____

                    B: 아뇨, _____

(4) 물이 차갑다   A: _____

                    B: 아뇨, _____

(5) 교실이 좁다   A: _____

                    B: 아뇨, _____

2課 会話

방문

태형 어머니: ① 어서 와요. 반가워요.

유　　이: ② 처음 뵙겠습니다. 유이라고 합니다.

태형 어머니: ③ 이쪽으로 앉아요. 일본에서 한국말을 배웠어요?

유　　이: ④ 네, 대학교에서도 배우고 태형 씨한테서 많이 배웠습니다.

　　　　　⑤ 참, 이거 별거 아니지만 받으세요.

태형 어머니: ⑥ 무슨 선물까지… 고마워요.

　　　　　⑦ 배고프지요? 잠깐만 기다려요.

태　　형: ⑧ 유이 씨, 학교 수업은 다음 주부터 시작하죠?

유　　이: ⑨ 네, 그래서 이번 주에 인사동에 가고 싶어요.

　　　　　⑩ 주말에 시간이 있으면 같이 가요.

発音

뵙겠습니다[뵙껟씀니다]
다음 주[다음쭈]
시작하죠[시자카조]
이번 주[이번쭈]
같이[가치]

作文 1 | 次の文を韓国語に訳してみよう。

(1) 申し訳ありません**が**、約束があって先に帰ります。

(2) 母**から**料理を学びました。

(3) 疲れ**たら**少し休んでください。

(4) 荷物が重**すぎて**タクシーに乗りました。

(5) 少し高い**けど**おいしいです。

作文 2 | 例にならい質問を作り、インタビューしてみよう。

(※ –(으)면 어떻게 해요? / –(으)면 뭘 하고 싶어요?)

A	B
例) 졸업하면 뭘 하고 싶어요?	B: 저는 졸업하면 유럽 여행을 가고 싶어요.
(1)	
(2)	
(3)	

【訪問・招待】に関する表現を増やそう！ 🎧 32

① 어서 들어오세요.　　　　　　いらっしゃい。

② 초대해 주셔서 감사합니다.　　お招きくださってありがとうございます。

③ 차린 것은 없지만 많이 드세요.　何もありませんが、たくさん召し上がってください。

④ 잘 먹겠습니다.　　　　　　　いただきます。

⑤ 잘 먹었습니다.　　　　　　　ごちそうさまでした。

⑥ 음식이 입에 맞아요?　　　　料理はお口に合いますか。

⑦ 한국에는 언제 왔어요?　　　韓国にはいつ来たんですか。

⑧ 언제까지 한국에 계세요?　　いつまで韓国にいらっしゃるんですか。

⑨ 다음에 또 놀러 오세요.　　　また遊びに来てください。

⑩ 어디에서 지내요?　　　　　　どこに泊まっているんですか。

第2課 방문

第3課 기숙사

🎧 33

학교 식당에 가 봤어요?

🎧 34

学食に行ってみましたか。

3課 学習文法

1	-(으)ㄹ게요	～ますから、～ますよ
2	-(이)라도	～でも
3	-아/어 주다	～てやる、～てくれる
4	-아/어 보다	～てみる

単語

가위	はさみ		소금	塩
간장	醤油		소화제	胃腸薬
경험	経験		속이 안 좋다	お腹（胃）の調子が悪い
고민	悩み		신다	履く
과식하다	食べ過ぎる		심심하다	退屈だ
과자	お菓子		안내하다	案内する
그러면	それでは		안부	安否
그쪽	そちら側		알리다	知らせる
(기타를) 치다	弾く		-(으)ㄹ까요?	～ましょうか
깎다	剥く		이따가	あとで
깨끗하다	清潔だ		이쪽	こちら側
끊다	切る		자세하다	詳しい
나가다	出かける、出ていく		잠이 오다	眠くなる
도와주다	助けてあげる、くれる		잡채	チャプチェ
드리다	差し上げる		전하다	伝える
라면을 끓이다	ラーメンを作る		정리하다	整理する
마음에 들다	気に入る		조용하다	静かだ
-만	～だけ、ばかり		-지요?	～でしょう
맛집	おいしいお店		창문	窓
맡다	受け持つ、預かる		찾아보다	探す
바꾸다	変える、替える		캠핑	キャンプ
방	部屋		켜다	点ける
부침개	チヂミ		틀다	（音楽を）かける
사과	謝罪、りんご		혼자(서)	ひとり（で）
사항	事項			
생각보다	思ったより			

3課 기숙사

文法 1 -(으)ㄹ게요 ～ますから、～ますよ

学習文型 🎧 35

약속 장소에서 **기다릴게요**.
約束の場所で**待っていますよ**。

文法的表現

動詞に付いて話し手の【意志や約束】を表します。疑問文では使えません。

接続

받침無	가다 行く	-ㄹ게요	갈게요 行きますから。行きますよ。
받침ㄹ	들다 ㄹ脱落 （手に）持つ		들게요 持ちますから。持ちますよ。
받침有	끊다 切る	-을게요	끊을게요 切りますから。切りますよ。

第 3 課 기숙사

> 用例　🎧 36

① A: 어디서 볼까요?

　　B: 제가 그쪽으로 갈게요.

② A: 밖에서 기다릴게요.

　　B: 안에서 기다리세요.

③ A: 짐을 같이 들까요?

　　B: 괜찮아요. 혼자 들게요.

④ A: 만나서 이야기할까요?

　　B: 그래요. 그럼, 전화 끊을게요.

練習 3-1　例にならい次の用言を活用させよう。

	-(으)ㄹ게요		-(으)ㄹ게요
例) 사다　買う	살게요	(5) 버리다 捨てる	
(1) 찾아보다 探してみる		(6) 열다　開ける	
(2) 맡다　受け持つ、預かる		(7) 닫다　閉める	
(3) 만들다　作る		(8) 끄다　消す	
(4) 연락하다 連絡する		(9) 풀다　ほどく、解く	

練習 3-2　例にならい対話文を完成させよう。

> 例)　A: 에어컨을 끌까요?　　　　　B: 제가 끌게요.
> 　　　エアコンを消しましょうか。　　私が消します。

(1) A: 누가 연락하시겠어요?　B: 제가 _____

(2) A: 누구부터 시작할까요?　B: 저부터 _____

(3) A: 창문을 닫을까요?　　　B: 제가 _____

(4) A: 맛집을 찾아볼까요?　　B: 저도 _____

(5) A: 라면을 끓일까요?　　　B: 제가 _____

文法 2 -(이)라도 ～でも

学習文型

🎧 37

커피**라도** 마시러 갈까요?
コーヒー**でも**飲みに行きましょうか。

助詞

名詞に付いて、それが最善ではないが【それなりの選択】であることを表します。

用例

🎧 38

① A: 간장 있어요?

　 B: 간장이 없어요. 소금**이라도** 드릴까요?

② A: 과자**라도** 좀 드시겠어요?

　 B: 네, 감사합니다.

③ A: 유학생**이라도** 괜찮아요?

　 B: 유학생도 괜찮습니다.

練習 3-3 例にならい対話文を完成させよう。

例)
　　A: 관객이 없어요.　　　 B: 친구 / 부르다

　　　観客がいません。　　 → 친구**라도** 부를까요?

　　　　　　　　　　　　　　友達**でも**呼びましょうか。

(1) A: 너무 심심해요.　　　　　　 B: 게임 / 하다 → _____

(2) A: 밥 먹고 뭐 할까요?　　　　 B: 영화 / 보다 → _____

(3) A: 배가 고파요.　　　　　　　 B: 사과 / 좀 깎다 → _____

(4) A: 과식해서 속이 안 좋아요.　 B: 소화제 / 드리다 → _____

(5) A: 너무 조용해요.　　　　　　 B: 음악 / 틀다 → _____

第 3 課 기숙사　35

文法 3　　-아/어 주다　～てやる、～てくれる

学習文型

🎧39

선배가 밥을 사 줬어요.
先輩がご飯をおごってくれました。

이것 좀 가르쳐 주세요.
これを教えてください。

文法的表現

動詞に付いて、【だれかのために行う動作】を表します。
–아/어 주세요 や –아/어 주십시오 の形で依頼を表します。

接続

陽母音語幹 ㅏ, ㅗ	닫다 閉める	–아 주다	닫아 주다 閉めてあげる、～くれる
陰母音語幹 ㅏ, ㅗ以外	만들다 作る	–어 주다	만들어 주다 作ってあげる、～くれる
하다用言	전하다 伝える	–여 주다	전해 주다 伝えてあげる、～くれる

用例

🎧40

① 배 많이 고프죠? 잠깐만요. 라면 끓여 줄게요.

② 자세한 사항은 메일로 알려 줄게요.

③ 좀 도와주세요.

④ 문을 좀 닫아 주십시오.

36　maru 韓国語 中級

| 参考 | また、–아/어 주다の謙譲表現では、–아/어 드리다（〜て差し上げる）が使われます。 |

⑤ 짐을 들어 드릴까요?　　　　　　　　　　　　　　　🎧 41

　　荷物をお持ちしましょうか。

⑥ 제가 안내해 드릴게요.

　　私がご案内いたします。

練習 3-4 　例にならい次の用言を活用させよう。

			–아/어 주세요			–아/어 주세요
例)	찍다	撮る	찍어 주세요	(5) 버리다	捨てる	
(1)	찾다	探す		(6) 열다	開ける	
(2)	맡다	預かる、受け持つ		(7) 쓰다	書く、使う	
(3)	만들다	作る		(8) 닫다	閉める	
(4)	전화하다	電話する		(9) 줍다	拾う	

練習 3-5 　例にならい適切な動詞を選んで文を完成させよう。

例) 한국 돈으로　　　　　　　　　・열다

(1) 짐을 좀　　　　　・　　　　　・켜다

(2) 여기에 이름과 주소를　・　　　・맡다

(3) 길 좀　　　　　・　　　　바꾸다 → 한국 돈으로 바꿔 주세요.

(4) 에어컨 좀　　　・　　　　　・빌리다

(5) 선생님께 안부를　・　　　　・전하다

(6) 창문을 좀　　　・　　　　　・쓰다

(7) 가위 좀　　　　・　　　　　・가르치다

第 3 課 기숙사　37

文法 4 -아/어 보다 ~てみる

🎧 42

学習文型

서울에 가 봤어요?
ソウルに行ってみましたか。

한국에 한번도 못 가 봤어요.
一度も韓国に行けませんでした。

文法的表現

動詞に付いて、【試みや経験】を表します。

接続

陽母音語幹 ㅏ, ㅗ	가다 行く	-아 보다	가 보다 行ってみる
陰母音語幹 ㅏ, ㅗ以外	먹다 食べる	-어 보다	먹어 보다 食べてみる
하다用言	하다 する	-여 보다	해 보다 してみる

用例

🎧 43

① 인터넷에서 검색해 보세요.

② 구두를 신어 보시겠어요?

③ 잡채를 만들어 봤어요. 한번 드셔 보세요.

練習 3-6 　例にならい次の用言を活用させよう。

		–아/어 보세요			–아/어 보세요
例) 먹다	食べる	먹어 보세요	(5) 입다	着る	
(1) 찾다	探す		(6) 가다	行く	
(2) 살다	住む		(7) 마시다	飲む	
(3) 타다	乗る		(8) 사귀다	付き合う	
(4) 검색하다	検索する		(9) 쓰다	書く、使う	

練習 3-7 　例にならい対話文を完成させよう。

例) 　경복궁, 가다

A: 경복궁에 가 봤어요? 　キョンボックン（景福宮）に行ってみましたか。

B: 네, 가 봤어요. 　/ 　아뇨, 못 가 봤어요.
　 はい。行ってみました。 　いいえ。行ってません。

(1) 부침개, 먹다

A: _____ 　B: _____

(2) 맛집, 찾다

A: _____ 　B: _____

(3) 기타, 치다

A: _____ 　B: _____

(4) 캠핑, 하다

A: _____ 　B: _____

(5) 한복, 입다

A: _____ 　B: _____

3課 会話

기숙사

🎧 44

은　정: ① 유이 씨 이쪽이에요. 여기가 유이 씨 방이에요.

유　이: ② 감사합니다.

은　정: ③ 방이 좀 좁지요?

유　이: ④ 생각보다 조금 좁지만 깨끗해서 마음에 들어요.

은　정: ⑤ 이따가 같이 차라도 마실까요? 친구들하고 인사도 하고요.

유　이: ⑥ 좋아요. 짐만 정리하고 금방 나갈게요.

은　정: ⑦ 유이 씨, 학교 식당에 가 봤어요?

유　이: ⑧ 아뇨, 아직 못 가 봤어요.

은　정: ⑨ 그러면 이따가 제가 학교 안내해 줄게요.

発音

깨끗해서[깨끄태서]
정리[정니]
나갈게요[나갈께요]
못 가 봤어요[몯까봐써요]
줄게요[줄께요]

作文1 次の文を韓国語に訳してみよう。

(1) 私が検索します**から**。

(2) お腹が空いているなら、パン**でも**食べましょうか。

(3) メールアドレスを教え**てください**。

(4) サムゲタンを食べ**てみましたか**。

(5) 友達が写真を撮っ**てくれました**。

作文2 指示にしたがい、対話文を作って話してみよう。

(※–아/어 보다, –(이)라도, –(으)ㄹ게요, –아/어 주다)

	例)
(1) 경험을 물어 보세요.	A: 한국에 가 봤어요? B: 네, 작년에 서울에 가 봤어요.
(2) 친구의 고민에 조언을 해 보세요.	A: 잠이 안 와요. B: 따뜻한 우유라도 좀 마셔 보세요.
(3) 부탁을 해 보세요.	A: 잠시만 기다려 주세요. B: 네, 기다릴게요.

第3課 기숙사 41

【住居・宿所】に関する表現を増やそう！

① 욕실하고 화장실이 같이 있어요.　バス、トイレが一緒です。

② 식사는 학교 식당을 이용하세요.　食事は学校の食堂を利用してください。

③ 요리는 공동 부엌을 사용해요.　料理は共用キッチンを使います。

④ 숙소가 어디예요?　宿所はどこですか。

⑤ 숙소는 마음에 들어요?　宿所は気にいってますか。

⑥ 쓰레기는 분리 수거를 해 주세요.　ゴミは分別して捨ててください。

⑦ 기숙사는 학교 안에 있어요.　寄宿舎は学校の中にあります。

⑧ 원룸을 계약했어요.　ワンルームを契約しました。

⑨ 호텔에서 지내요.　ホテルに泊まっています。

⑩ 호텔 주변에 편의 시설이 많아요.　ホテル周辺に便利な施設がたくさんあります。

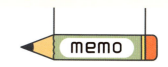

第4課 구경

🎧 46

행사가 있으니까 붐빌 거예요.

🎧 47

イベントがあるので混みあうでしょう。

4課　学習文法

1	-(으)ㄹ 거예요	～つもりです、～でしょう
2	-(으)니까	～ので、から
3	-네요	～ですね、ますね
4	ㄷ 불규칙활용	ㄷ 不規則活用

単語

가게	お店	분위기	雰囲気
가깝다	近い	불편하다	不便だ、調子が悪い
가짜	偽物	붐비다	混む
거리	距離	사실	事実
걸리다	（時間が）かかる	서랍	引き出し
걸어서	歩いて	속도	速度
골동품	骨董品	수영	水泳
공휴일	公休日	술	お酒
구경하다	見物する	시끄럽다	うるさい
길이	長さ	(시험에) 붙다	（試験に）受かる
꽤	かなり	쌀쌀하다	肌寒い
끊기다	切れる	아마	たぶん
놓치다	逃す	아파트	マンション
다른 사람	他の人	알아듣다	聞き取る、聞き分ける
대단하다	すごい	열쇠	鍵
도시락	お弁当	우산	傘
도착하다	到着する	일찍	早く
동네	町、近所	전통차	伝統茶
둘러보다	見て回る	쯤	くらい、ほど
맵다	辛い	체험 행사	体験イベント
면접	面接	출장(을) 가다	出張する
묻다	尋ねる、訊く	퇴근(하다)	退勤する
박물관	博物館	평소	普段
방금	いましがた	한강	ハンガン（漢江）
베트남	ベトナム	한번 더	もう一度
부장님	部長		

4課 구경

文法 1　-(으)ㄹ 거예요　～つもりです、～でしょう

🎧 48

学習文型

다음 달에 한국에 갈 거예요.
来月、韓国に行くつもりです。

내일은 중국에서 친구가 올 거예요.
明日、中国から友達が来ます。

文法的表現

(1) 動詞に付いて**話し手**の【**意志や予定**】を表します。
　　疑問文では**聞き手**の**意志**や**予定**を表します。

接続

받침無	사다 買う	-ㄹ 거예요	살 거예요 買うつもりです
받침ㄹ	만들다 ㄹ脱落 作る		만들 거예요 作るつもりです
받침有	먹다 食べる	-을 거예요	먹을 거예요 食べるつもりです

第 4 課 구경　47

用例 🎧 49

① A: 토요일에 뭐 할 거예요?

　 B: 한강 공원에 갈 거예요.

② A: 배 고파요. 저녁 몇 시쯤에 먹을 거예요?

　 B: 일곱 시쯤에 먹을 거예요.

③ A: 졸업하고 뭐 할 거예요?

　 B: 바로 취직할 거예요.

(2) 用言に付いて話し手の【推測】を表します。

④ 유이 씨는 지하철을 놓쳐서 좀 늦게 도착할 거예요. 🎧 50

⑤ 오늘은 주말이라서 사람이 많을 거예요.

⑥ A: 열쇠는 어디에 있어요?

　 B: 아마 서랍 안에 있을 거예요.

参考

過去のことを推測するときは **-았/었을 거예요** を使います。

⑦ A: 할머니께 생신 선물 보냈어요? 🎧 51
　　 おばあさんにお誕生日のプレゼントを送りましたか。

　 B: 그럼요. 벌써 도착했을 거예요.
　　 もちろんです。もう着いていると思いますよ。

推測の疑問文には **-(으)ㄹ까요?** を使います。

⑧ A: 태형 씨가 지금 집에 있을까요?　{있을 거예요? (×)}
　　 テヒョンさんは今、家にいるでしょうか。

　 B: 아마 도서관에 갔을 거예요.
　　 たぶん、図書館に行ったと思いますよ。

練習 4-1 例にならい次の用言を活用させよう。

	-(으)ㄹ 거예요		-(으)ㄹ 거예요
例) 찍다　　撮る	찍을 거예요	(5) 버리다　捨てる	
(1) 찾다　　探す		(6) 멋있다　素敵だ	
(2) 알다　　知る		(7) 갈아입다 着替える	
(3) 빌리다　借りる		(8) 모르다　知らない	
(4) 연락하다 連絡する		(9) 믿다　　信じる	

練習 4-2 例にならい対話文を完成させよう。

例)

A: 주말 / 무엇 / 하다　→　주말에 무엇을 할 거예요?　週末、何をしますか。
B: 친구 / 만나다　　→　친구를 만날 거예요.　友達に会います。

(1) A: 방학 / 무엇 / 하다　　→　_____

　　B: 수영 / 배우다　　　　→　_____

(2) A: 점심 / 뭐 / 먹다　　　→　_____

　　B: 편의점 도시락 / 먹다　→　_____

(3) A: 시계 / 어디 / 사다　　→　_____

　　B: 인터넷 / 사다　　　　→　_____

(4) A: 거래처 / 언제 / 가다　→　_____

　　B: 오후 / 가다　　　　　→　_____

(5) A: 학교 / 어떻게 / 가다　→　_____

　　B: 자전거 / 가다　　　　→　_____

| 練習 4-3 | 与えられた表現を使って対話文を完成させよう。 |

| 걸리다 | 바쁘다 | 못 오다 | 붐비다 | 잘 알다 |

(1) A: 유이 씨도 오늘 파티에 와요?

   B: 아마 바빠서 _____

(2) A: 토요일에 박물관이라도 갈까요?

   B: 주말이라서 많이 _____

(3) A: 베트남에 가고 싶어요. 베트남은 어디가 좋아요?

   B: 흐엉 씨가 베트남 사람이라서 _____

(4) A: 서울역까지 어느 정도 걸릴까요?

   B: 퇴근 시간이라서 평소보다 많이 _____

(5) A: 지민 씨는 뭐 해요?

   B: 내일이 시험이라서 _____

文法2　-(으)니까　～ので、から

学習文型　🎧 52

오늘은 바쁘니까 내일 만나요.
今日は忙しいので明日会いましょう。

시간이 없으니까 택시로 갈까요?
時間がないからタクシーで行きましょうか。

語尾

用言に付いて前の内容が後ろの内容に対する【理由や根拠】であることを表します。

文末に**命令・勧誘・依頼**の表現が使えます。

–았/었– に接続することができます。

名詞の場合は –(이)니까 を用います。

接続

받침無	가다 行く	–니까	가니까 行くから
받침ㄹ	만들다 ㄹ脱落 作る		만드니까 作るから
받침有	받다 受ける、もらう	–으니까	받으니까 もらうから

用例　🎧 53

① 길이 막히니까 지하철을 타세요.

② A: 이번 주에 회의를 할까요?

　 B: 이번 주는 부장님께서 출장을 가시니까 다음 주에 해요.

第4課 구경　51

参考	–아서/어서（第1課）とは次のような違いがあります。

～から、ので	–아서/어서	–(으)니까
時制との結合	–겠–,–았/었– と接続しない。 ×았/었/했어서	–겠–,–았/었– と接続する。 약속을 했으니까 지킬 거예요. 約束したのだから守るでしょう。
命令 勧誘 依頼	命令・勧誘・依頼の表現に使わない。 ×없어서, 와서 –(으)세요/–(으)ㄹ까요? /–(으)ㅂ시다	命令・勧誘・依頼の表現によく使われる。 시간이 없으니까 택시를 탈까요? 時間がないのでタクシーに乗りましょうか。 눈이 오니까 운전 조심하세요. 雪が降っているので運転、気をつけてください。
感謝 謝罪	話し手の感情を述べる表現 (미안하다, 죄송하다, 반갑다, 고맙다, 감사하다 など)と一緒によく使われる。 늦어서 죄송합니다. 遅れて申し訳ありません。 초대해 주셔서 감사합니다. ご招待くださりありがとうございます。	謝罪及び感謝の表現には使いにくい。

練習 4-4	例にならい次の用言を活用させよう。

	–(으)니까		–(으)니까
例) 많다　　多い	많으니까	(5) 아프다 　　　具合が悪い	
(1) 기다리다 待つ		(6) 가깝다　近い	
(2) 잘 알다 　　よく知っている		(7) 비싸다 　　（値段が）高い	
(3) 없다 　　ない、いない		(8) 도움이 되다 　　　役に立つ	
(4) 재미있다 面白い		(9) 사실이다 事実だ	

52　maru 韓国語 中級

| 練習 4-5 | 例にならい –(으)니까 を使って文を完成させよう。 |

例) 몸에 안 좋다 · · 열심히 공부하다

(1) 할머니께서 주무시다 · · 시장에서 사다

(2) 백화점은 비싸다 · · 믿다

(3) 가짜는 안 팔다 · · 우산을 가지고 가다

(4) 비가 오다 · · 조용히 하다

(5) 기말 시험이 있다 · · 술을 조금만 마시다

例) 몸에 안 좋으니까 술을 조금만 드세요.

(1) _____

(2) _____

(3) _____

(4) _____

(5) _____

文法3 -네요　～ですね、～ますね

学習文型

🎧54

아파트가 넓고 깨끗하네요.

マンションが広くてきれいですね。

語尾

用言に付いて話し手の【驚きや感嘆、共感】を表します。

	接続	
싸다 安い		싸네요 安いですね
좋다 良い	-네요	좋네요 良いですね
팔다 売る		파네요 売っていますね

用例

🎧55

① A: 오늘은 쌀쌀하네요.

　 B: 네, 좀 춥네요.

② A: 면접 시험에 붙었어요.

　 B: 대단하네요. 축하합니다.

③ A: 집에서 학교까지 두 시간 걸려요.

　 B: 집이 머네요.

| 練習 4-6 | 例にならい次の用言を活用させよう。 |

	−네요		−네요
例) 많다　多い	많네요	(5) 무겁다　　重い	
(1) 달다　甘い		(6) 넓다　　　広い	
(2) 좋다　良い		(7) 재미있다　面白い	
(3) 맵다　辛い		(8) 내리다　　降りる、降る	
(4) 오다　来る		(9) 피곤하다　疲れる	

| 練習 4-7 | 例にならい対話文を完成させよう。 |

A	B

例) 이 방 어때요?　　　　　　・예쁘다 / 길이가 좀 길다

(1) 이 치마 어때요?　　・　　・맛있다 / 좀 맵다

(2) 이 동네 어때요?　　・　　깨끗하다 / 좀 좁다

(3) 이 가게 어때요?　　・　　・공원도 많고 조용하다 / 교통이 좀 불편하다

(4) 음식 맛이 어때요?　　・　　・빠르다 / 좀 끊기다

(5) 인터넷 속도가 어때요? ・　　・분위기가 좋다 / 좀 시끄럽다

例) 깨끗하네요. 그런데 좀 좁네요.

(1) _____

(2) _____

(3) _____

(4) _____

(5) _____

文法 4 ㄷ不規則活用

🎧 56

学習文型

요즘은 인터넷 강의를 많이 들어요.
最近はオンライン授業をよく聞きます。

ㄷ不規則活用

動詞語幹の最後がパッチムㄷで終わり、後ろに母音(-으,-아/어)で
始まる語尾が続くと、ㄷがㄹに変わります。

ㄷ받침 用言		母音で始まる語尾			※子音で始まる語尾
		-아서/어서	-아요/어요	-으면	-습니다, -고 など
		받침 ㄷ → ㄹ			規則活用
듣다	聞く	들어서	들어요	들으면	듣습니다
걷다	歩く	걸어서	걸어요	걸으면	걷습니다

用例

🎧 57

① A: 한국 가수 노래 많이 들어요?

　 B: 네, 요즘 매일 듣고 있어요.

② A: 걸어서 갈까요?

　 B: 걸어서 못 가요. 꽤 멀어요.

③ 잘 못 알아들었어요. 한번 더 말씀해 주세요.

注意　次の用言は規則活用です。

　　　받다 (もらう), 닫다 (閉める), 얻다 (得る), 믿다 (信じる)

④ A: 몇 시에 문을 닫아요?　何時に閉店しますか。

🎧 58

　 B: 밤 10시에 문을 닫습니다.　夜10時に閉店します。

⑤ 이거 받으세요. 선물이에요.

　 これ受け取ってください。/これどうぞ。プレゼントです。

56　maru 韓国語 中級

練習 4-8   例にならい次の用言を活用させよう。

ㄷ不規則活用		-았/었어요	-을까요?	-고
例) 걷다	歩く	걸었어요	걸을까요?	걷고
(1) 싣다	載せる			
(2) 알아듣다	聞きとる			
(3) 묻다	尋ねる			
(4) 듣다	聞く			
(5) 받다	もらう			
(6) 닫다	閉める			
(7) 믿다	信じる			
(8) 얻다	得る			

練習 4-9   例にならい対話文を完成させよう。

例)

A: 짐을 어떻게 할 거예요?　　B: (차, 싣다) 차에 실을 거예요.
荷物をどうするつもりですか。　　　　車に載せるつもりです。

(1) A: 무엇을 할 거예요?　　　　B: (음악, 듣다)

→ _____

(2) A: 어떻게 갈 거예요?　　　　B: (걷다, 가다)

→ _____

(3) A: 길을 어떻게 찾을 거예요?　　B: (다른 사람, 묻다)

→ _____

(4) A: 지금 전화하면 받을까요?　　B: (아마 안 받다)

→ _____

(5) A: 공휴일에도 문을 열까요?　　B: (아마 문을 닫다)

→ _____

第 4 課 구경

4課 会話

구경

🎧 59

유 이: ① 태형 씨, 일찍 **왔네요**.

태 형: ② 저도 방금 왔어요. 어디부터 갈까요?

유 이: ③ 골동품 거리하고 박물관을 구경해 보고 싶어요.

　　　④ 그리고 전통차도 **마실 거예요**.

태 형: ⑤ 알겠어요. 박물관은 오늘 체험 행사가 **있으니까 붐빌 거예요**.

유 이: ⑥ 그럼, 먼저 골동품 거리를 둘러봐요. 여기서 멀어요?

태 형: ⑦ 가까워요. **걸어서** 금방이에요.

発音

왔네요[완네요]
골동품[골똥품]
박물관[방물관]
마실 거예요[마실꺼예요]

作文 1 | 次の文を韓国語に訳してみよう。

(1) 週末、何する**つもりですか**。

(2) 今**忙しいから**あとで連絡して**ください**。

(3) 発音が似てい**ますね**。

(4) K-pop をよく**聞きます**。

(5) イベント（行事）があるから混む**でしょう**。

作文 2 | –(으)ㄹ 거예요 を使って予定・計画を書き、話してみよう。

언제 무엇을 할 거예요?

時期	予定・計画	
例) 5월	디즈니랜드	오월에 디즈니랜드에 갈 거예요.
(1)		
(2)		
(3)		

第 4 課 구경　59

【見物・観光】に関する表現を増やそう！

① 어디를 구경하고 싶어요?　　　　どこを見物したいですか。

② 여행 일정이 어떻게 되세요?　　　旅行の日程はどうなっていますか。

③ 여기는 뭐가 유명해요?　　　　　ここは何が有名ですか。

④ 인기있는 관광지를 소개해 주세요.　人気のある観光地を紹介してください。

⑤ 한국의 전통 문화를 체험해 보고 싶어요.　韓国の伝統文化を体験してみたいです。

⑥ 재래 시장에서 길거리 음식을 먹어 보고 싶어요.
　　　　　　　　　　　　　　　　市場で屋台料理を食べてみたいです。

⑦ 야경이 예쁜 곳이 어디예요?　　　夜景がきれいな所はどこですか。

⑧ 어떤 문화 예술 공연이 있어요?　 どんな文化・芸術公演がありますか。

⑨ 인터넷에서 시티 투어 버스를 예약했어요.　ネットでシティツアーのバスを予約しました。

⑩ 핫플레이스를 추천해 주세요.　　 人気スポットを紹介してください。

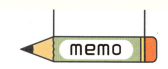

第5課 외식

🎧 61

요즘 인기 있는 맛집이에요. 🎧 62

最近人気のあるおいしいお店です。

5課　学習文法

1	-는, -(으)ㄴ, -(으)ㄹ	動詞連体形
2	-(으)ㄴ	形容詞連体形
3	-(으)ㄹ 때	～(す)る時
4	-(이)나	～か、～や
	-거나	～(す)るか

単語

가렵다	かゆい		성격	性格
강	川		시켜 먹다	出前をとる
경복궁	キョンボックン（景福宮）		신기하다	不思議だ
계획	計画		심심하다	退屈だ
곳	場所、所		쌓이다	溜まる、積もる
귀엽다	かわいい		어울리다	似合う
그런데	ところが		외롭다	寂しい
급하다	急ぎだ		외우다	覚える
나중에	あとで		우울하다	憂鬱だ
남다	余る、残る		-(으)ㅂ시다	〜ましょう
내성적이다	内気だ		인기 있다	人気がある
넓다	広い		일이 잘 풀리다	事が上手くいく
달다	甘い		자주	頻繁に
닭갈비	タッカルビ		저축	貯蓄
데	所		적극적이다	積極的だ
돼지갈비	豚カルビ		제목	タイトル
맞아요	そのとおりです		주로	おもに
바르다	塗る		직장 동료	職場の同僚
-보다는	〜よりかは		최고	最高
부분	部分		최근	最近
빙수	かき氷		친절하다	親切だ
사교적이다	社交的だ		특히	特に
새로	新たに		필요하다	必要だ
생기다	生じる		해외 여행	海外旅行
생활비	生活費		화가 나다	腹が立つ

64　maru 韓国語 中級

5課 외식

文法 1　動詞連体形：現在 -는、過去 -(으)ㄴ、未来 -(으)ㄹ

学習文型

좋아하는 음식이 뭐예요?
好きな食べ物は何ですか。

최근에 **읽은** 책이 있어요?
最近読んだ本がありますか。

다음주에 **배울** 내용을 알려 주세요.
来週習う内容を教えてください。

語尾

動詞の語幹に付いて体言を修飾します。

現在は -는、過去は -(으)ㄴ、未来は -(으)ㄹ が付きます。

　現在連体形は現在起きている事柄や、習慣的、恒常的な事柄に用います。過去連体形はすでに起きた事柄に用います。未来連体形はまだ実現していない事柄に用いて、意志、予定、計画などを表します。

動詞連体形

現在	받침無	가다	**-는**	가는 사람 行く人、～ている人
	받침ㄹ	만들다 ㄹ脱落		만드는 사람 作る人、～ている人
	받침有	먹다		먹는 사람 食べる人、～ている人
過去	받침無	가다	**-ㄴ**	간 사람 行った人
	받침ㄹ	만들다 ㄹ脱落		만든 사람 作った人
	받침有	먹다	**-은**	먹은 사람 食べた人
未来	받침無	가다	**-ㄹ**	갈 사람 行くつもりの人
	받침ㄹ	만들다 ㄹ脱落		만들 사람 作るつもりの人
	받침有	먹다	**-을**	먹을 사람 食べるつもりの人

用例 🎧 64

① 지금 보는 드라마 제목이 뭐예요?

② 어디서 찍은 사진이에요? 한국에서 찍은 사진이에요.

③ 어디에 가요? 점심에 먹을 김밥을 사러 가요.

注意 있다, 없다 及び -있다, -없다 を含む用言の現在連体形には、-는 が付きます。

있다 → 기숙사가 있는 학교
ある → 寄宿舎がある学校

재미있다 → 재미있는 영화
面白い → 面白い映画

없다 → 기숙사가 없는 학교
ない → 寄宿舎がない学校

재미없다 → 재미없는 영화
面白くない → 面白くない映画

練習 5-1 | 例にならい次の用言を活用させよう。

	動詞連体形		
	現在 -는	過去 -ㄴ/은	未来 -ㄹ/을
(1) 사다　　買う			
(2) 팔다　　売る			
(3) 보다　　見る			
(4) 부르다　呼ぶ、歌う			
(5) 읽다　　読む			
(6) 부탁하다 お願いする			
(7) 시키다　頼む			
(8) 쓰다　　書く、使う			
(9) 배우다　習う			
(10) 듣다　　聞く			

第 5 課 외식　67

練習 5-2 | 例にならい適切な連体形で繋げてみよう。

例)
작년에 샀다 / 물건 → 작년에 산 물건
去年買った　もの　去年買ったもの

(1) 지난번에 찍었다 / 사진　　→ _____

(2) 지난주에 외웠다 / 단어　　→ _____

(3) 자주 가다 / 맛집　　→ _____

(4) 평소에 자주 듣다 / 음악　　→ _____

(5) 좋아하다 / 사람　　→ _____

(6) 요즘에 관심이 있다 / 일　　→ _____

(7) 나중에 하겠다 / 일　　→ _____

(8) 집 근처에 쇼핑하겠다 / 곳　　→ _____

(9) 소설을 읽겠다 / 시간　　→ _____

(10) 올해 여행을 가겠다 / 계획　→ _____

| 練習 5-3 | 例にならい対話文を完成させよう。 |

例)

A: 가장 좋아하다 / 음식 / 뭐　　　　B: 김치찌개
　→ 가장 좋아하는 음식이 뭐예요?　　→ 김치찌개예요.
　　一番好きな食べ物は何ですか。　　　キムチチゲです。

(1) A: 평소에 잘 가다 / 곳 / 어디　　→ _____

　　B: 학교 앞 카페　　　　　　　→ _____

(2) A: 최근에 샀다 / 물건 / 뭐　　　→ _____

　　B: 지갑　　　　　　　　　　→ _____

(3) A: 지난번에 읽었다 / 책 제목 / 뭐 → _____

　　B: 어린 왕자　　　　　　　　→ _____

(4) A: 내일 만나겠다 / 사람 / 누구　→ _____

　　B: 직장 동료　　　　　　　　→ _____

(5) A: 다음주에 배우겠다 / 부분 / 어디 → _____

　　B: 16과　　　　　　　　　　→ _____

(6) A: 저녁에 만들겠다 / 음식 / 무엇　→ _____

　　B: 돼지갈비　　　　　　　　→ _____

文法 2　形容詞連体形：-(으)ㄴ

🎧 65

学習文型

좋은 생각이에요.
良い考えです。

중요한 일이 있어요.
重要な用（仕事）があります。

語尾

形容詞の語幹に -(으)ㄴ が付いて体言を修飾します。

形容詞連体形

받침無	바쁘다 忙しい	-ㄴ	바쁜 사람 忙しい人
받침ㄹ	길다　ㄹ脱落 長い		긴 머리 長い髪
받침有	좋다 良い	-은	좋은 곳 良いところ

用例

🎧 66

① 바쁜 사람은 먼저 가세요.

② 긴 머리보다 짧은 머리가 더 어울려요.

③ 가까운 곳에도 좋은 곳이 많아요.

なお、希望を表す −고 싶다 の連体形には −은 が付きます。

④ 요즘에 가장 보고 싶은 사람이 누구예요? 🎧 67

⑤ 먹고 싶은 한국 음식이 정말 많아요.

名詞−이다 の連体形は −ㄴ を付けて−인 となります。

⑥ 오늘이 생일인 사람, 고향이 도쿄인 사람 🎧 68

⑦ 사교적인 사람, 적극적인 성격

練習 5-4　例にならい連体形で繋げてみよう。

例)
슬프다 / 영화　　→　슬픈 영화　悲しい映画

(1) 급하다 / 일　　　　→ _____

(2) 필요하다 / 것　　　→ _____

(3) 좋다 / 아이디어　　→ _____

(4) 받고 싶다 / 선물　　→ _____

(5) 비싸다 / 물건　　　→ _____

(6) 힘들다 / 일　　　　→ _____

(7) 춥다 / 날씨　　　　→ _____

(8) 내성적이다 / 성격　→ _____

第 5 課 외식　71

練習 5-5 例にならい対話文を完成させよう。

例)
> 날씨 / 따뜻하다
> → A: 어떤 날씨를 좋아해요?
>   どんな天気が好きですか。
>   B: 따뜻한 날씨를 좋아해요.
>   暖かい天気が好きです。

(1) 음악 / 빠르다

　　A: 어떤 ＿＿＿＿＿＿＿＿＿＿? 　B: ＿＿＿＿＿＿＿＿＿＿.

(2) 사람 / 친절하다

　　A: 어떤 ＿＿＿＿＿＿＿＿＿＿? 　B: ＿＿＿＿＿＿＿＿＿＿.

(3) 집 / 방이 넓다

　　A: 어떤 ＿＿＿＿＿＿＿＿＿＿? 　B: ＿＿＿＿＿＿＿＿＿＿.

(4) 성격 / 사교적이다

　　A: 어떤 ＿＿＿＿＿＿＿＿＿＿? 　B: ＿＿＿＿＿＿＿＿＿＿.

(5) 스타일 / 귀엽다

　　A: 어떤 ＿＿＿＿＿＿＿＿＿＿? 　B: ＿＿＿＿＿＿＿＿＿＿.

(6) 맛 / 달다

　　A: 어떤 ＿＿＿＿＿＿＿＿＿＿? 　B: ＿＿＿＿＿＿＿＿＿＿.

文法 3 -(으)ㄹ 때 ～(す)る時

🎧 69

学習文型

시간이 있을 때 연락 주세요.
時間がある時、連絡ください。

한국에 갔을 때 먹어 봤어요.
韓国に行った時、食べてみました。

文法的表現

ある出来事が【**進行する時**】を表します。

時制と関係なく、慣用的に未来連体形 -(으)ㄹ を伴って -(으)ㄹ 때
の形で用います。

接続

받침無	가다		갈 때	行く時
받침ㄹ	만들다 ㄹ脱落	-ㄹ 때	만들 때	作る時
받침有	좋다	-을 때	좋을 때	良い時

用例

🎧 70

① 우울할 때는 무엇을 해요?　③ 아플 때는 가족이 더 보고 싶어요.

② 일이 안 풀릴 때 어떻게 해요?　④ 가려울 때 이 약을 바르세요.

なお、名詞の場合は「名詞＋때」を使います。

⑤ 초등학생 때부터 태권도를 배웠어요.

🎧 71

　小学生の時からテコンドーを習いました。

⑥ 방학 때 뭐 할 거예요?

　長期の休みの時、何をする予定ですか。

第5課 외식　73

また、出来事が完了した時点を表す時は、-았을/었을 때 を使います。

⑦ 이 옷은 여행 갔을 때 산 거예요. 　🎧72

この服は旅行に行った時に買ったものです。

⑧ 감기에 걸렸을 때는 약을 먹고 푹 자요.

風邪をひいた時は薬を飲んで、ぐっすり寝てください。

練習 5-6 例にならい次の用言を活用させよう。

		-(으)ㄹ 때			-았/었을 때
例) 가다	行く	갈 때	例) 먹다	食べる	먹었을 때
(1) 받다	もらう		(6) 보다	見る	
(2) 슬프다	悲しい		(7) 살다	住む	
(3) 운동하다	運動する		(8) 어리다	幼い	
(4) 덥다	暑い		(9) 싸우다	けんかする	
(5) 힘들다	しんどい		(10) 듣다	聞く	

練習 5-7 例にならい文を完成させよう。

例)

열이 나다 / 이 약을 먹다

→ 열이 날 때 이 약을 먹어요. 熱が出た時、この薬を飲んでください。

(1) 기분이 안 좋다 / 음악을 듣다

→ _____

(2) 시간이 없다 / 택시를 타다

→ _____

(3) 화가 나다 / 맛있는 음식을 먹다

→ _____

(4) 해외 여행을 처음 갔다 / 정말 신기했다

→ _____

(5) 심심하다 / 드라마를 보다

→ _____

文法4-1　-(이)나　～か、～や

🎧 73

学習文型

디저트로 아이스크림**이나** 빙수는 어때요?
デザートにアイスクリーム**か（や）**かき氷はどうですか。

📖 **助詞**　名詞に付いて、**【並列・選択】**を表します。

		接続	
받침無	커피, 유자차 コーヒー、ゆず茶	**-나**	커피**나** 유자차 コーヒー**か（や）**ゆず茶
받침有	김, 과자 海苔、お菓子	**-이나**	김**이나** 과자 海苔**か（や）**お菓子

用例

🎧 74

① A: 선물로 뭐가 좋을까요?　　　B: 김**이나** 과자는 어때요?
② A: 어디에 가고 싶어요?　　　　B: 경복궁**이나** 인사동에 가고 싶어요.
③ A: 피자**나** 치킨을 시켜 먹을까요?　B: 네, 좋아요. 치킨을 시킵시다.

練習 5-8　例にならい対話文を完成させよう。

例)
A: 무엇을 사다　　　　　　　B: 물, 주스
　→ 무엇을 살 거예요?　　　　→ 물**이나** 주스를 살 거예요.
　　何を買いますか。　　　　　　水**か**ジュースを買います。

(1) A: 택시를 타다　　　　　　　B: 버스, 지하철
　→ ＿＿＿＿＿＿＿＿＿＿　　→ ＿＿＿＿＿＿＿＿＿＿
(2) A: 무엇을 먹다　　　　　　　B: 삼겹살, 닭갈비
　→ ＿＿＿＿＿＿＿＿＿＿　　→ ＿＿＿＿＿＿＿＿＿＿
(3) A: 와인을 마시다　　　　　　B: 소주, 맥주
　→ ＿＿＿＿＿＿＿＿＿＿　　→ ＿＿＿＿＿＿＿＿＿＿
(4) A: 언제 만나다　　　　　　　B: 주말, 휴일
　→ ＿＿＿＿＿＿＿＿＿＿　　→ ＿＿＿＿＿＿＿＿＿＿
(5) A: 어디로 가다　　　　　　　B: 강, 산
　→ ＿＿＿＿＿＿＿＿＿＿　　→ ＿＿＿＿＿＿＿＿＿＿

第5課 외식　75

文法 4-2　-거나　～(す)るか

🎧 75

学習文型

쉬는 날에는 영화를 보거나 쇼핑을 해요.

休みの日には映画を見るか買い物をします。

語尾　用言に付いて、行為や状態を【並列・選択】することを表します。

接続

받침無	가다	-거나	가거나
받침有	먹다		먹거나

用例

🎧 76

① 집에 있을 때는 음악을 듣거나 책을 읽어요.

② 주말에는 주로 쇼핑을 하거나 친구를 만나요.

練習 5-9　例にならい対話文を完成させよう。

例)　A: 피곤하다　　　　　B: 사탕을 먹다 / 잠을 자다

　　→ 피곤할 때 어떻게 해요?　→ 사탕을 먹거나 잠을 자요.

　　　疲れている時、どうしますか。　キャンディを食べるか寝ます。

(1) A: 컨디션이 안 좋다　　　B: 집에서 쉬다, 몸에 좋은 음식을 먹다

　　→ _____　→ _____

(2) A: 화가 나다　　　　　　B: 혼자 있다, 말을 안 하다

　　→ _____　→ _____

(3) A: 외롭다　　　　　　　B: 가족한테 전화하다, 친구와 이야기하다

　　→ _____　→ _____

(4) A: 생활비가 남았다　　　B: 저축을 하다, 옷을 사다

　　→ _____　→ _____

(5) A: 스트레스가 쌓였다　　B: 노래방에 가다, 산책을 하다

　　→ _____　→ _____

5課 会話

외식

🎧 77

정 국: ① 유이 씨는 무슨 음식을 좋아해요?

유 이: ② 삼계탕을 제일 좋아해요. 그리고 떡볶이**나** 닭갈비도 잘 먹어요.
　　　③ 특히 스트레스 **받을 때는 매운** 음식이 최고지요.

정 국: ④ 그럼, 새로 **생긴** 떡볶이 집에 갈까요? 요즘 **인기 있는** 맛집이에요.

유 이: ⑤ 좋아요. 이 동네는 **먹을** 데가 많아서 마음에 들어요.

정 국: ⑥ 맞아요. 떡볶이 먹고 빙수도 먹으러 가요.

유 이: ⑦ **좋은** 생각이에요.
　　　⑧ 그런데, 정국 씨는 스트레스를 **받을 때 먹는** 음식이 있어요?

정 국: ⑨ 저는 음식보다는 운동을 **하거나** 잠을 자요.

発音

떡볶이[떡뽀끼]
닭갈비[닥깔비]
맛집[맏찝]
먹을 데[머글떼]
먹고[먹꼬]
먹는[멍는]

作文 1   次の文を韓国語に訳してみよう。

(1) 今年旅行に**行く**計画がありますか。

(2) **退屈な時**は友達に会うか、買い物をします。

(3) **面白い**映画やドラマがあれば教えてください。

(4) 辛くて**塩辛い**料理よりは**甘い**料理が好きです。

(5) あの店は最近**できた**（料理の）**おいしい**店です。

作文 2   次の語句を使って質問を作り、インタビューしてみよう。

	A	B
(1) 가 보고 싶다, 나라		
(2) 최근에 보다, 영화		
(3) 자주 가다, 곳		
(4) 최근에 읽다, 책		
(5) 내년에 하다, 일		

【外食】に関する表現を増やそう！　🎧 78

① 무슨 음식이 제일 맛있어요?　　どんな料理が一番おいしいですか。

② 맛집을 추천해 주세요.　　おいしいお店を教えてください。

③ 맵지 않은 음식도 있어요?　　辛くない料理もありますか。

④ 뜨거우니까 조심하세요.　　熱いから気をつけてください。

⑤ 반찬은 리필 가능합니다.　　おかずはお代わりできます。

⑥ 몇 분이세요?　　何名様ですか。

⑦ 기다리는 사람이 많으니까 번호표를 뽑으세요.

　　待っている人が多いので番号（票）を引いてください。

⑧ 포장 주문도 됩니까?　　テイクアウトできますか。

⑨ 배달 음식을 시켜 먹을 거예요.　　出前をとって食べるつもりです。

⑩ 계산해 주세요.　　お会計お願いします。

第6課 외출

🎧79

교대역에 가려면 어떻게 가야 해요? 🎧80

キョデ駅に行くにはどうやって行けばいいですか。

6課　学習文法

1	-(으)ㄹ 수 있다/없다	～できる/できない
2	-(으)려고, -(으)려고 하다	～ようと、～ようと思う
3	-아야/어야 되다	～なければならない
4	-(으)려면	～ようとするなら

単語

건너다	渡る	여권	パスポート、旅券
교대역	キョデ（教大）駅	연극	演劇
구하다	求める、探す	예매하다	前売りを買う
그런데	ところで	예약하다	予約する
극장	映画館、劇場	외국어	外国語
끓이다	煮る、沸かす	외식	外食
내리다	降りる、降る	운전하다	運転する
눕다	横になる	유원지	遊園地
도심	都心	이사하다	引っ越す
든든하다	頼もしい	이용하다	利用する
등록하다	登録する	이해하다	理解する
모으다	貯める、集める	일정	日程
모임	集まり	입력하다	入力する
물건	物	자료	資料
미리	前もって	줄이다	減らす
배낭 여행	バックパッカー旅行	지키다	守る
(번호를) 뽑다	（番号票を）引く	지하도	地下道
본인	本人	직접	直接
볼일	用事	차례	順番
살을 빼다	痩せる、ダイエットする	출발하다	出発する
(서류를) 떼다	（書類を）発行する	티켓	チケット
쇼핑몰	ショッピングモール	패스워드	パスワード
시간을 내다	時間を割く	학원	塾
신촌	シンチョン（新村）	-호선	～号線
야식	夜食	환승	乗り換え

82　maru 韓国語 中級

6課 외출

文法 1　-(으)ㄹ 수 있다/없다　〜できる/できない

学習文型

🎧 81

된장찌개를 만들 수 있어요.
テンジャンチゲを作ることができます。

손님이 와서 나갈 수 없어요.
お客さんが来て出かけることができません。

文法的表現

動詞に付いて、【能力や可能性】の有無を表します。

接続

받침無	가다	-ㄹ 수 있다 / 없다	갈 수 있어요/없어요 行くことができます/できません
받침ㄹ	만들다 ㄹ脱落		만들 수 있어요/없어요 作ることができます/できません
받침有	먹다	-을 수 있다 / 없다	먹을 수 있어요/없어요 食べることができます/できません

第 6 課 외출　83

> **用例** 82

① A: 내일 오후에 만날 수 있어요?
　B: 네, 만날 수 있어요.

② A: 매운 음식을 먹을 수 있어요?
　B: 아뇨, 잘 못 먹어요.

③ A: 인터넷을 쓸 수 있어요?
　B: 와이파이를 연결하면 쓸 수 있어요.

> **練習 6-1** 　例にならい次の用言を活用させよう。

	-(으)ㄹ 수 있어요			-(으)ㄹ 수 없어요
例) 하다　する	할 수 있어요	例) 가다　行く		갈 수 없어요
(1) 도와주다　助ける		(6) 가르쳐 주다　教えてあげる		
(2) 찾다　探す		(7) 걷다　歩く		
(3) 읽다　読む		(8) 쓰다　書く、使う		
(4) 열다　開ける		(9) 믿다　信じる		
(5) 빌리다　借りる		(10) 이해하다　理解する		

練習 6-2 | 例にならい対話文を完成させよう。

例)
A: 이따가 좀 보다
→ 이따가 좀 볼 수 있어요?
後でちょっと会えますか。
B: 오늘 볼일이 있다, 시간을 못 내다
→ 미안해요. 오늘은 볼일이 있어서 시간을 낼 수 없어요.
ごめんなさい。今日は用事があって時間を作れません。

(1) A: 길을 좀 안내해 주다   → _____

　　B: 저도 이곳은 처음이다, 안내 못 하다

　　→ 미안해요. _____

(2) A: 짐을 혼자서 들다   → _____

　　B: 짐이 많다, 혼자서 못 들다

　　→ 아니요, _____

(3) A: 거기까지 걸어서 가다   → _____

　　B: 꽤 멀다, 걸어서 못 가다

　　→ 아니요, _____

(4) A: 한국어 작문 도와주다   → _____

　　B: 지금은 여유가 있다, 도와드리다

　　→ 네, _____

(5) A: 제 말 알아듣다   → _____

　　B: 천천히 말씀해 주시다, 알아듣다

　　→ 네, _____

第 6 課 외출 85

文法 2　-(으)려고, -(으)려고 하다
～ようと、～ようと思う

🎧 83

学習文型

한국에 가려고 한국어를 배워요.
韓国に行こうと韓国語を学んでいます。

졸업하면 한국 회사에 취직하려고 해요.
卒業したら韓国の会社に就職しようと思っています。

語尾

動詞に付いて、前の行為が後の行為に対する【意向や目的】であることを表します。

前の動作と後の動作の主体は同じです。

		接続	
받침無	가다	-려고	가려고 行こうと
받침ㄹ	만들다		만들려고 作ろうと
받침有	먹다	-으려고	먹으려고 食べようと

用例

🎧 84

① 운전을 배우려고 학원을 등록했어요.

② 친구하고 놀려고 과제를 미리 했어요.

③ 늦게까지 일하려고 커피를 마셨어요.

④ 콘서트에 가려고 티켓을 예매했어요.

86　maru 韓国語 中級

また、−(으)려고 하다 の形で、ある行為をする【意向】があること
を表します。

接続

받침無	하다 する	−려고 하다	하려고 해요 しようと思います
받침ㄹ	놀다 遊ぶ		놀려고 해요 遊ぼうと思います
받침有	찍다 撮る	−으려고 하다	찍으려고 해요 撮ろうと思います

参考

「공부하려고요. (勉強しようと思っています)/놀려고요. (遊ぼうと思っていま
す)/사진을 찍으려고요. (写真を撮ろうと思っています)」のように、縮約形
−(으)려고요 の形でも用いられます。

練習 6-3　例にならい次の用言を活用させよう。

	−(으)려고			−(으)려고 해요
例) 이사하다 引っ越す	이사하려고	例) 입다	着る	입으려고 해요
(1) 갈아타다 乗り換える		(6) 쓰다	書く、使う	
(2) 읽다　読む		(7) 듣다	聞く	
(3) 팔다　売る		(8) 물어보다	尋ねる	
(4) 신청하다 申請する		(9) 유학가다	留学する	
(5) 찾다　探す		(10) 이용하다	利用する	

練習 6-4 | 例にならい文を完成させよう。

例)
일찍 일어나다 / 일찍 자다 → 일찍 일어나려고 일찍 잤어요.
早く起きようと早く寝ました。

(1) 라면을 먹다 / 물을 끓이다 → _____

(2) 늦지 않다 / 일찍 출발하다 → _____

(3) 책을 빌리다 / 도서관에 가다 → _____

(4) 해외 여행을 가다 / 돈을 모으다 → _____

(5) 자다 / 눕다 → _____

練習 6-5 | 例にならい対話文を完成させよう。

例)
A: 동호회 사람들을 만나면 뭐 할 거예요?
同好会の人に会ったら、何をしますか。
B: 영화를 보다 → 영화를 보려고 해요. / 보려고요.
映画を見ようと思います。 / 見ようかと。

(1) A: 대학을 졸업하면 뭐 할 거예요? B: 배낭 여행을 하다

→ _____

(2) A: 오후에 뭐 해요? B: 연극을 보러 가다

→ _____

(3) A: 오늘 일정이 어떻게 되세요? B: 오후에는 도서관에서 자료를 좀 찾다

→ _____

(4) A: 이번 생일에 뭐 할 거예요? B: 가족하고 외식을 하다

→ _____

(5) A: 기말 시험이 끝나면 뭐 해요? B: 아르바이트를 알아보다

→ _____

88 maru 韓国語 中級

文法 3　-아야/어야 되다　～なければならない

🎧 85

学習文型

시간 약속을 잘 지켜야 됩니다.

時間の約束をきちんと守らなければなりません。

文法的表現

用言に付いて、ある行為・状態の【義務や必要性】を表します。

-아야/어야 하다 の形でも使われますが、話し言葉では主に -아야/어
야 되다 の形が使われます。

		接続	
陽母音語幹 ㅏ, ㅗ	가다	-아야 되다	가야 돼요 行かなければなりません
陰母音語幹 ㅏ, ㅗ 以外	먹다	-어야 되다	먹어야 돼요 食べなければなりません
하다用言	하다	-해야 되다	해야 돼요 しなければなりません

用例

🎧 86

① 극장에서는 휴대폰을 꺼야 돼요.

② 시간 약속을 잘 지켜야 됩니다.

③ 은행에서는 번호표를 뽑고 차례를 기다려야 돼요.

④ 도서관에서는 조용히 해야 돼요. (＝해야 해요.)

第6課 외출　89

練習 6-6 例にならい次の用言を活用させよう。

		–아야/어야 돼요		–아야/어야 해요
例) 조심하다 気をつける		조심해야 돼요	例) 살을 빼다 ダイエットする	살을 빼야 해요
(1) 갈아타다 乗り換える			(6) 끊다　やめる	
(2) 찾다　探す			(7) 참다　我慢する	
(3) 알리다　知らせる			(8) 걷다　歩く	
(4) 오다　来る			(9) 닫다　閉める	
(5) 모으다　集める			(10) 줄이다　減らす	

練習 6-7 例にならい文を完成させよう。

例)

_____ (으)니까 우산을 가지고 가다

→ 비가 오니까 우산을 가지고 가야 돼요.
雨が降っているので傘を持って行かなければなりません。

(1) _____ (으)니까 예약하다 →

(2) _____ (으)ㄹ 때는 여권을 만들다 →

(3) _____ (으)ㄹ 때는 패스워드를 입력하다 →

(4) _____ (으)면 물어보다 →

(5) _____ (으)면 병원에 가다 →

文法 4 　-(으)려면　～ようとするなら

学習文型 🎧 87

버스를 **타려면** 어디로 가야 돼요?
バスに**乗るには**どこに行けばいいですか。

語尾

動詞に付いて、ある行為を【**実現するための条件**】を表します。

-(으)려고 하다＋(으)면 の縮約形です。

接続

반침無	가다		가**려면** 行くには、行こうとするなら
반침ㄹ	만들다	**-려면**	만들**려면** 作るには、作ろうとするなら
반침有	먹다	**-으려면**	먹**으려면** 食べるには、食べようとするなら

用例 🎧 88

① 늦지 않으려면 지금 나가야 돼요.

② 이사하려면 집을 구해야 해요.

③ 도착하려면 아직 멀었어요?

④ 서류를 떼려면 본인이 직접 오셔야 돼요.

第 6 課 외출　91

練習 6-8　例にならい対話文を完成させよう。

例)

돈을 찾다 / 은행에 가다

→ A: 돈을 찾으려면 어떻게 해야 돼요?　　B: 은행에 가야 돼요.

お金をおろすにはどうすればいいですか。　　銀行に行かなければなりません。

(1) 살을 빼다, 야식을 줄이다

→ A: ＿＿＿＿＿＿＿＿＿＿＿＿＿　　B: ＿＿＿＿＿＿＿＿＿＿＿＿＿

(2) 길을 건너다, 지하도를 이용하다

→ A: ＿＿＿＿＿＿＿＿＿＿＿＿＿　　B: ＿＿＿＿＿＿＿＿＿＿＿＿＿

(3) 외국에서 살다, 그 나라 문화를 알다

→ A: ＿＿＿＿＿＿＿＿＿＿＿＿＿　　B: ＿＿＿＿＿＿＿＿＿＿＿＿＿

(4) 환승하다, 다음 역에서 내리다

→ A: ＿＿＿＿＿＿＿＿＿＿＿＿＿　　B: ＿＿＿＿＿＿＿＿＿＿＿＿＿

(5) 외국어를 잘하다, 단어를 많이 외우다

→ A: ＿＿＿＿＿＿＿＿＿＿＿＿＿　　B: ＿＿＿＿＿＿＿＿＿＿＿＿＿

6課 会話

외출

🎧 89

유 이: ① 정국 씨, 교대역에 **가려면** 어떻게 **가야 해요**?

정 국: ② 신촌에서 지하철 2호선을 타세요. 그런데 교대역에는 왜 가요?

유 이: ③ 유학생 모임이 있어서요. 오전 11시 반까지는 **도착해야 돼요**.

정 국: ④ 11시 반까지 **가려면** 10시 반에는 **나가야 해요**.

유 이: ⑤ 지하철 역에서 교대 앞까지 걸어서 **갈 수 있어요**?

정 국: ⑥ 네, 걸어서 10분쯤 걸려요.

유 이: ⑦ 참, 모임이 끝나고 필요한 물건을 좀 **사려고 해요**. 어디가 좋을까요?

정 국: ⑧ 신촌에 큰 쇼핑몰이 있어요. 같이 갈까요?

유 이: ⑨ 정국 씨가 같이 가 주면 든든하죠.

発音

어떻게[어떠케]
지하철 역[지하철력]
갈 수 있어요[갈쑤이써요]
10분쯤[십뿐쯤]
끝나고[끈나고]

作文 1 　次の文を韓国語に訳してみよう。

(1) 空港まで**行くには**どのように**行けば**いいですか。

(2) 奨学金を申請**しようと思います**。

(3) 外国で運転**しようとするなら**、国際運転免許証が**なければなりません**。

(4) 今仕事中なので席を**外せません**。

(5) 駅から**歩いて行ける**距離です。

作文 2 　学校から目的地までの行き方について質問を作り、イン
　　　　タビューしてみよう。

目的地	A	B
(1) 공항		
(2) 도심		
(3) 유원지		
(4) 쇼핑몰		
(5) 서점		

【移動・交通】に関する表現を増やそう！　🎧90

① 지하철로 갈 수 있어요?　　地下鉄で行けますか。

② 교통카드를 사용하면 환승할 수 있어요.
　　　　　　　　　ICカードを使えば乗り換えられます。

③ 환승하려면 어느 역에서 내려야 돼요?
　　　　　　　　　乗り換えるにはどの駅で降りればいいですか。

④ 을지로까지 가는 방법을 가르쳐 주세요.
　　　　　　　　　ウルチロ（乙支路）まで行く方法を教えてください。

⑤ 가까우니까 택시를 타도 기본 요금만 나와요.
　　　　　　　　　近いのでタクシーに乗っても基本料金です。

⑥ 지하철 역이 가까워요.　　地下鉄の駅は近いですか。

⑦ 이 전철은 어느 방향이에요?　この電車はどっちの方向に行きますか。

⑧ 건너편에서 타세요.　　向かい側（のホーム）から乗ってください。

⑨ 반대 방향이에요.　　反対方向です。

⑩ 몇 번 출구로 나가야 돼요?　何番出口に出ればいいですか。

第7課 병원

🎧91

약은 하루에 세 번 식사하신 후에 드세요. 🎧92

薬は一日３回、食後に飲んでください。

7課　学習文法

1	-(으)ㄴ 후에	〜た後で/後に
2	-기 전에	〜する前に
3	ㅅ불규칙활용	ㅅ不規則活用
4	-는데, -(으)ㄴ데	〜するが、〜だが

単語

감기 기운	風邪気味		식히다	冷ます
갔다 오다	行ってくる		신경을 쓰다	気を遣う
강아지	子犬		실물	実物
개봉하다	封切る、リリースする		안전	安全
결정하다	決定する		어느 쪽	どちら側
결혼하다	結婚する		연주회	演奏会
긋다	引く		열이 나다	熱が出る
기침	咳		영국	イギリス
끓다	沸く		운전면허증	運転免許証
끝내다	終える		-(이)고	～であり
낮	昼		잇다	繋ぐ
눈물이 나다	涙が出る		작품	作品
대화문	対話文		젓다	混ぜる
돌다	回る		제출하다	提出する
뜨겁다	熱い		주변	周辺
면	麺		짓다	建てる、名付ける
면세점	免税店		크게	大きく
목	喉		퉁퉁	パンパンに
문장	文、センテンス		푹	ゆっくりと
밑줄	下線		학과 사무실	学科（学部）事務所
벌써	すでに、もう		학생 회관	学生会館
병	病気		해열제	解熱剤
분식점	プンシク（粉食）店		확인하다	確認する
살펴보다	詳しく見る		환경	環境
식다	冷める		힘	力

98　maru 韓国語 中級

7課 병원

文法 1　-(으)ㄴ 후에　～た後で/後に

学習文型

🎧93

시험이 끝난 후에 모여요.
試験が終わった後で集まりましょう。

졸업한 후에 바로 취직하고 싶어요.
卒業した後にすぐ就職したいです。

文法的表現

〈動詞過去連体形＋후(에)〉の形式で、「～(し)た後で/後に」にあたります。

また、-(으)ㄴ 뒤(에) / -(으)ㄴ 다음(에) と言い換えられます。

接続

받침無	가다	-ㄴ 후에	간 후에 行った後
받침ㄹ	만들다　ㄹ脱落		만든 후에 作った後
받침有	먹다	-은 후에	먹은 후에 食べた後

用例　🎧 94

① A: 작품을 다 **만든 후에** 어디에 제출해요?

　B: 학과 사무실로 제출하세요.

② A: 영국 유학은 언제 갈 계획이에요?

　B: **결혼한 후에** 가려고 해요.

③ A: 면을 언제 넣어요?

　B: 물이 **끓은 뒤에** 넣으세요.

なお、名詞に付く場合は、(時間・活動) **名詞＋후에** (〜後に、〜の後に)
の形で用います。

　수업 후에 / 식사 후에 / 퇴근 후에 / 며칠 후에

　授業の後に / 食後に / 退勤後に / 数日後に

④ A: 이 영화는 언제 개봉해요?　🎧 95

　B: **며칠 후에** 개봉해요.

⑤ A: 평소에 운동을 많이 하세요?

　B: **퇴근 후에** 자주 스포츠 센터에 가요.

練習 7-1　例にならい次の用言を活用させよう。

	-(으)ㄴ 후에		-(으)ㄴ 후에
例) 하다　する	한 후에	(6) 씻다　洗う	
(1) 빌리다　借りる		(7) 받다　受ける	
(2) 찾아보다 探してみる		(8) 닦다　磨く	
(3) 읽다　読む		(9) 쓰다　書く、使う	
(4) 흔들다　振る		(10) 졸업하다 卒業する	
(5) 결혼하다 結婚する		(11) 듣다　聞く	

100　maru 韓国語 中級

練習 7-2　例にならい対話文を完成させよう。

例)
A: 길을 알겠어요?　道わかりますか。
B: 버스에서 (내리다 / 전화하다)
→ 버스에서 내린 후에 전화할게요.
バスから降りた後に電話しますね。

(1) A: 뭘로 하시겠어요?

B: 잠깐만요. 메뉴를 좀 더 (보다 / 정하다)

→ _____

(2) A: 날짜는 언제가 좋아요?

B: 스케줄을 (확인하다 / 연락하다)

→ _____

(3) A: 국도 좀 드세요.

B: 뜨거워서 좀 (식히다 / 먹다)

→ _____

(4) A: 야채도 넣으세요.

B: 고기를 (볶다 / 넣다)

→ _____

(5) A: 힘들죠? 좀 쉬세요.

B: 이 일만 (끝내다 / 쉬다)

→ _____

第 7 課 병원　101

文法 2　-기 전에　〜する前に

学習文型

🎧96

밥을 먹기 전에 손을 씻어요.
ご飯を食べる前に手を洗います。

자기 전에 스트레칭을 해요.
寝る前にストレッチをします。

文法的表現

〈動詞語幹＋기 전에〉の形式で、「**〜する前に**」にあたります。

		接続	
받침無	가다		가기 전에 行く前に
받침ㄹ	만들다	-기 전에	만들기 전에 作る前に
받침有	먹다		먹기 전에 食べる前に

用例

🎧97

① 음식이 식기 전에 어서 드세요.

② 비행기를 타기 전에 면세점에서 쇼핑을 할 거예요.

③ 결정하기 전에 한 번 더 생각해요.

④ 한국에서 살기 전에는 일본에서 살았어요.

　なお、(時間/活動)名詞に付く場合は「**名詞＋전에（〜前に、〜の前に）**」となります。

⑤ A: 많이 기다렸어요?　　　B: 아뇨, 조금 전에 왔어요.　🎧98

⑥ 이 영화는 일주일 전에 개봉했어요.

⑦ 회의 전에 잠깐 봅시다.

102　maru 韓国語 中級

| 練習 7-3 | | 例にならい次の用言を活用させよう。 |

		−기 전에			−기 전에
例) 하다	する	하기 전에	(6) 씻다	洗う	
(1) 끊다	切る		(7) 내다	支払う	
(2) 찍다	撮る		(8) 그만두다	やめる	
(3) 짓다	建てる		(9) 나가다	出かける	
(4) 뵙다	お目にかかる		(10) 풀다	解く	
(5) 졸업하다	卒業する		(11) 버리다	捨てる	

| 練習 7-4 | | 例にならい文を完成させよう。 |

例)

수영하다 / 준비 운동을 하다 → 수영하기 전에 준비 운동을 해요.
水泳する　　準備運動をする　　　水泳する前に準備運動をします。

(1) 문제를 풀다 / 이름을 쓰다

→ _____

(2) 졸업하다 / 운전면허증을 따다

→ _____

(3) 대화문을 읽다 / 단어를 살펴보다

→ _____

(4) 출발하다 / 화장실에 갔다 오다

→ _____

(5) 취직하다 / 여행을 가다

→ _____

文法3　ㅅ不規則活用

🎧99

学習文型

약을 먹으면 금방 나을 거예요.
薬を飲めばすぐ治ります。

ㅅ不規則活用

語幹の最後がパッチムㅅで終わり、後ろに母音（-으,-아/어）で始まる語尾が続くとㅅが脱落します。

★ ㅅが脱落した後は縮約しません。

ㅅ받침 用言		母音で始まる語尾			※子音で始まる語尾
		-아서/어서	-아요/어요	-으면	-습니다, -고 など
		받침ㅅ 脱落			規則活用
낫다	治る	나아서	나아요	나으면	낫습니다

用例

🎧100

① 병이 다 나았어요.

② 새로 지은 건물이에요.

③ 두 문장을 이으세요.

注意　次の用言は**規則活用**です。

씻다 (洗う), 웃다 (笑う), 벗다 (脱ぐ)

④ 웃으면 복이 와요.　笑うと福が来ます。　🎧101

⑤ 인사할 때는 모자를 벗어요.　挨拶する時は帽子をとりなさい。

⑥ 집에 오면 제일 먼저 손을 씻어요.　家に帰るとまず最初に手を洗います。

104　maru 韓国語 中級

練習 7-5 ┃ 例にならい次の用言を活用させよう。

	–아서/어서			–아서/어서
例) 짓다 建てる、名付ける	지어서	(4) 젓다 混ぜる		
(1) 낫다 治る		(5) 웃다 笑う		
(2) 잇다 繋ぐ		(6) 씻다 洗う		
(3) 붓다 注ぐ、むくむ		(7) 벗다 脱ぐ		

練習 7-6 ┃ 例にならい与えられた用言の中から適切なものを選んで
文を完成させよう。

例)

물을 오백 밀리리터 정도 _____ –아야/어야 해요.

→ 물을 오백 밀리리터 정도 부어야 해요.
水を500ミリリットルほど注がなければなりません。

짓다, 긋다, 젓다, 붓다, 낫다

(1) 강아지 이름을 누가 _____ –았/었어요?

(2) 레몬차예요. 잘 _____ –아서/어서 드세요.

(3) 마음에 드는 문장에 밑줄을 _____ –(으)세요.

(4) 집을 _____ –(으)ㄹ 때 안전에 제일 신경을 써야 해요.

(5) 사진하고 실물하고 어느 쪽이 더 _____ –아요/어요?

(6) 지금보다 주변 환경이 더 _____ –(으)ㄴ 아파트로 이사가고 싶어요.

(7) 스프를 넣고 끓는 물을 _____ –(으)세요.

(8) 라면을 먹고 자서 눈이 퉁퉁 _____ –았/었어요.

文法4 -는데, -(으)ㄴ데 ～するが、～だが

🎧 102

学習文型

디자인은 마음에 드는데 사이즈가 안 맞아요.

デザインは気に入っていますがサイズが合いません。

가격은 싼데 품질이 안 좋아요.

価格は安いですが品質が良くありません。

語尾 用言に付いて、続く内容の【導入・前提】を表したり、【逆接】を表したりします。

接続

動詞			
받침無	가다		가는데 行きますが
받침ㄹ	만들다 ㄹ脱落	-는데	만드는데 作りますが
받침有	먹다		먹는데 食べますが

接続

形容詞			
받침無	싸다 安い		싼데 安いですが
받침ㄹ	멀다 ㄹ脱落 遠い	-ㄴ데	먼데 遠いですが
받침有	좋다 良い	-은데	좋은데 良いですが

106 maru 韓国語 中級

用例　　　　　　　　　　　　　　　　　　　　　🎧 103

① 학생 회관에서 연주회를 하는데 보러 오세요.

② 날씨가 더운데 에어컨을 켤까요?

　　なお、名詞の場合は「**名詞**-인데」となります。

③ 고향은 부산인데 서울에 살아요.　　　　　　🎧 104

④ 아직 저녁 다섯 시인데 / 다섯 신데 벌써 어두워요.

注意　1. 있다, 없다及び -있다, -없다を含む形容詞の場合は 있는데, 없는데 となります.

⑤ A: 근처에 약국이 있어요?　　　　　　　　🎧 105

　　　近所に薬局はありますか。

　　B: 오른쪽으로 돌면 마트가 있는데 바로 그 옆이에요.

　　　右に曲がるとマートがあって、そのすぐ隣です。

　　2. 過去の内容を表す時は -았/었는데 となります.

⑥ 학교 앞에 분식점이 새로 생겼는데 한번 가 볼까요?　　🎧 106

　　学校の前に新しく粉食店ができたんですが、一度一緒に行きましょうか。

⑦ 버스를 30분이나 기다렸는데 아직 오지 않아요.

　　バスを30分も待っているのですが、まだ来ません。

練習 7-7 ｜ 例にならい次の用言を活用させよう。

	-(으)ㄴ데/ -는데		-(으)ㄴ데/ -는데
例) 배가 부르다 満腹だ	배가 부른데	(5) 가렵다　かゆい	
(1) 시작하다　始める、始まる		(6) 슬프다　悲しい	
(2) 멋있다　素敵だ		(7) 젊다　若い	

第 7 課　병원　107

(3) 길이 막히다　道が混む		(8) 받지 않다　受け取らない	
(4) 팔다　　　売る		(9) 크지 않다　大きくない	

練習 7-8　線で正しく結び、-는데/-(으)ㄴ데 を使って文を完成させよう。

例) 잘 안 들리다　　　　　　　　　　　・어디가 좋을까요?

(1) 다음주에 시험을 보다　　・　　　・같이 가시겠어요?

(2) 떡볶이를 먹었다　　　　・　　　・슬퍼서 눈물이 났어요.

(3) 옷을 사고 싶다　　　　　・　　　・너무 맛있었어요.

(4) 내일 콘서트에 가다　　　・　　　・공부를 못했어요.

(5) 아침에는 춥다　　　　　・　　　・낮에는 더워요.

(6) 지난 주말에 프랑스 영화를 봤다　・　　　크게 말씀해 주시겠어요?

例)　잘 안 들리는데 크게 말씀해 주시겠어요?
　　　よく聞こえないのですが、大きな声で話してくださいますか。

(1) _____

(2) _____

(3) _____

(4) _____

(5) _____

(6) _____

7課 会話

병원

(병원)

의　사: ① 어디가 불편하세요?

유　이: ② 목이 아프고 힘이 없어요.

의　사: ③ 언제부터 그래요?

유　이: ④ 어제부터 몸이 안 좋았어요.

　　　　⑤ 열도 나고 밤에 잘 때 기침도 많이 났어요.

의　사: ⑥ 감기 기운이 있는데 약 먹고 푹 쉬면 금방 나을 거예요.

　　　　⑦ 목이 아플 때는 따뜻한 물을 많이 마셔요.

(약국)

약　사: ⑧ 약은 하루에 세 번 식사하신 후에 드세요.

　　　　⑨ 그리고 자기 전에 한 번 더 드세요.

유　이: ⑩ 네, 그런데 이건 감기약이고… 이건 무슨 약이에요?

약　사: ⑪ 그건 해열제인데 열이 날 때만 드세요.

発音

없어요[업써요]
약 먹고[양머꼬]
따뜻한[따뜨탄]
무슨 약[무슨냑]
해열제[해열쩨]

作文 1   次の文を韓国語に訳してみよう。

(1) ゆっくり休めば**治るでしょう**。

(2) **寝る前に**もう一度飲んでください。

(3) 内容を**確認した後**でサインしてください。

(4) 気に**入ってるんですが**値段が少し高いです。

(5) 荷物を**預けたいんですが**近くにコインロッカーはありませんか。

作文 2   -는데/-(으)ㄴ데 を使って対話してみよう。

A	B
例) 이 옷 어때요?	스타일은 괜찮은데 색깔이 좀 어둡네요.
(1) 지금 사는 동네 어때요?	
(2) 한국어 공부 어때요?	
(3) 회식 장소로 한식집은 어때요?	

【病院・病気】に関する表現を増やそう！　🎧108

① 어디가 불편하셔서 오셨어요?　　どうしましたか。

② 생년월일하고 이름을 알려 주세요.　　生年月日と名前をおっしゃってください。

③ 진통제를 먹으면 좀 나아질 거예요.　　鎮痛剤を飲めば少し良くなるでしょう。

④ 자, 이쪽으로 누우세요.　　はい、こちらに横になってください。

⑤ 여기 누르면 아파요?　　ここを押さえると痛いですか。

⑥ 주사 한 대 놓아 드릴게요.　　注射しておきましょう。

⑦ 머리가 지끈거려요.　　頭がずきずきするんです。

⑧ 열이 나고 목이 따가워요.　　熱があって喉がひりひりします。

⑨ 설사도 하고 속이 안 좋아요.　　下痢もしていて、お腹の調子が良くありません。

⑩ 목이 뻣뻣하고 어깨도 잘 뭉칩니다.　　首の筋肉が堅くて肩もよくこります。

⑪ 코가 막혔어요.　　鼻がつまっています。

⑫ 온몸에 두드러기가 났어요.　　全身に蕁麻疹がでました。

⑬ 검사 결과를 보러 왔습니다.　　検査結果を聞きにきました。

第7課 병원

第8課 시험 날 🎧 109

듣기 시험은 다들 힘들어하는 것 같아요. 🎧 110
ヒアリングの試験は皆さん大変そうです。

8課 学習文法

1	動詞-(으)ㄴ/는/(으)ㄹ 것 같다	～ようだ、～そうだ
2	形容詞-(으)ㄴ/(으)ㄹ 것 같다	～ようだ、～そうだ、～と思う
3	-아/어하다	～がる
4	르 불규칙활용	르不規則活用

単語

간식	おやつ	보기에	見た目に
걱정	心配	불안해하다	不安がる
결과	結果	생활	生活
공연	公演	서두르다	急ぐ
궁금하다	気にかかる	속상해하다	悔しがる、気を腐らせる
그때	その時、あの時	시골	田舎
글쎄요	そうですねえ	실수	失敗、間違い
기억이 나다	思い出す	심하다	ひどい、深刻だ
긴장하다	緊張する	아무래도	どうしても、やはり
넣다	入れる	아쉽다	残念だ、名残惜しい
답답하다	息苦しい	알아보다	調べる
답장	返事	앞머리	前髪
당장	すぐに、ただちに	양	量
듣기	ヒアリング	위로하다	慰める
마지막	最後	자격증	資格（証）
매진되다	売り切れる	자르다	切る
명절	祝祭日	자신	自信
목도리	マフラー	작문	作文
무척	非常に、とても	작업	作業
물가	物価	적응하다	適応する、慣れる
미끄럽다	滑る	조심하다	気をつける
미루다	延期する、後回しにする	즐거워하다	楽しがる
미용실	美容室	첫	初
바뀌다	替わる	초급반	初級クラス
별로	さほど、あまり	평일	平日

maru 韓国語 中級

8課 시험 날

文法 1　動詞 -(으)ㄴ/는/(으)ㄹ 것 같다
～ようだ、～そうだ

🎧 111

学習文型

공연이 벌써 시작한 것 같아요.
公演がもう始まったようです。

지금 밖에 비가 오는 것 같아요.
今、外は雨が降っているようです。

일이 늦게 끝날 것 같아요.
仕事が遅く終わりそうです。

文法的表現

〈動詞連体形 + 것 같다〉の形式で、過去、現在、未来の事柄に対する【推量】を表します。

接続

動詞 -(으)ㄴ 것 같다　～たようだ

받침無	가다	-ㄴ 것 같다	간 것 같다 行ったようです
받침ㄹ	만들다 ㄹ脱落		만든 것 같다 作ったようです
받침有	먹다	-은 것 같다	먹은 것 같다 食べたようです

第8課 시험 날　115

用例 🎧 112

① 오늘 단어 시험을 봤는데 잘 본 것 같아요.

② A: 사람들이 안 보이네요.

　B: 공연이 벌써 시작한 것 같아요.

動詞 -는 것 같다 〜ているようだ、〜するようだ

받침無	行く **가다**		가는 것 같다 行くようです
받침ㄹ	開ける **열다** ㄹ脱落	**-는 것 같다**	여는 것 같다 開けるようです
받침有	閉める **닫다**		닫는 것 같다 閉めるようです

③ A: 지수 씨는 요즘 뭐 해요?　🎧 113

　B: 자격증 시험을 준비하는 것 같아요.

④ 답장을 기다리시는 것 같으니까 빨리 연락하세요.

動詞 -(으)ㄹ 것 같다 〜そうだ

받침無	行く **가다**		갈 것 같다 行きそうです
받침ㄹ	泣く **울다** ㄹ脱落	**-ㄹ 것 같다**	울 것 같다 泣きそうです
받침有	探す **찾다**	**-을 것 같다**	찾을 것 같다 探しそうです

⑤ A: 내일 모임에 참가하실 거예요?　🎧 114

　B: 저는 일이 있어서 못 갈 것 같습니다.

⑥ 다 못 먹을 것 같으니까 조금만 시킵시다.

116　maru 韓国語 中級

注意 있다, 없다 の場合は **−는 것 같다** (〜ようだ) や **−을 것 같다** (〜そうだ) が付きます。

있는 것 같다 (あるようだ) / 없는 것 같다 (ないようだ) (○)

있은 것 같다 / 없은 것 같다 (✗)

있을 것 같다 (ありそうです) / 없을 것 같다. (なさそうです) (○)

⑦ 유이 씨는 지금 서울에 **있는 것 같아요**. 🎧115

　ユイさんは今、ソウルに**いるようです**。

⑧ 연휴라서 비행기 표가 **없을 것 같아요**.

　連休なので飛行機のチケットが**なさそうです**。

練習 8-1 ┃ 例にならい次の用言を活用させよう。

	−(으)ㄴ 것 같아요	−는 것 같아요	−(으)ㄹ 것 같아요
例) 걸리다　かかる	걸린 것 같아요	걸리는 것 같아요	걸릴 것 같아요
(1) 보다　　見る			
(2) 살다　　住む			
(3) 좋아하다　好きだ			
(4) 듣다　　聞く			
(5) 기다리다　待つ			
(6) 남다　　残る			
(7) 풀다　　解く			
(8) 오르다　上がる			
(9) 막히다　混む			
(10) 짓다　建てる			

第 8 課 시험 날 　117

練習 8-2　例にならい、-(으)ㄴ/는/(으)ㄹ 것 같다 を使って対話文を完成させよう。

例)

A: 축구가 몇 시에 시작해요?　サッカーは何時に始まりますか。

B: 벌써 (시작하다) → 벌써 시작한 것 같아요.　もう始まったようです。

(1) A: 유진 씨는 아직 고향에 있어요?

　　B: 어제 고향에서 (돌아오다) → _____

(2) A: 감기는 좀 어때요?

　　B: 이제 다 (낫다) → _____

(3) A: 료스케 씨는 어디에 있어요?

　　B: 지금 방에서 (게임하다) → _____

(4) A: 저 치킨집은 몇 시까지 해요?

　　B: 매일 밤 12시까지 문을 (열다) → _____

(5) A: 언제쯤 도착해요?

　　B: 길이 안 막혀서 곧 (도착하다) → _____

(6) A: 누구한테 물어볼까요?

　　B: 글쎄요. 서준 씨가 잘 (알다) → _____

118　maru 韓国語 中級

練習 8-3 │ 例にならい、-(으)ㄹ 것 같다 を使って対話文を完成させよう。

例)

음식을 그냥 두면 _____ -아서 냉장고에 넣었어요.
→ (상할 것 같아서)

料理をそのまま置いておくと傷みそうだったので冷蔵庫に入れました。

기억이 나다   비가 오다   상하다   매진되다   늦다   내다

(1) 보기에는 화를 잘 _____ -지만 사실은 그렇지 않아요.
→ (   )

(2) 좀 더 생각하면 _____ -(으)ㄴ데 지금은 기억이 안 나요.
→ (   )

(3) 오후에 _____ -(으)니까 우산을 가지고 가세요.
→ (   )

(4) 더 늦으면 표가 _____ -아서/어서 방금 예매했어요.
→ (   )

(5) 많이 _____ -(으)면 연락을 주세요.
→ (   )

第 8 課 시험 날

文法 2　形容詞 −(으)ㄴ/(으)ㄹ 것 같다
～ようだ、～そうだ、～と思う

🎧 116

学習文型

가격이 좀 비싼 것 같아요.
値段が少し高いようです。

가격이 좀 비쌀 것 같아요.
値段が少し高そうです。

文法的表現

〈形容詞連体形＋것 같다〉の形式で、現在のことや未来の事柄に対する話し手の【推量や婉曲的な意見】を表します。

接続

形容詞 −(으)ㄴ 것 같다　～ようだ、～そうだ

받침無	크다 大きい	−ㄴ 것 같다	큰 것 같아요 大きいようです
받침ㄹ	길다　ㄹ脱落 長い		긴 것 같아요 長いようです
받침有	작다 小さい	−은 것 같다	작은 것 같아요 小さいようです

用例

🎧 117

① A: 옷 사이즈가 잘 맞아요?

　 B: 입어 봤는데 저한테는 좀 작은 것 같아요.

② 오늘은 날씨가 추운 것 같아요.

形容詞 -(으)ㄹ 것 같다　～そうだ、～と思う

받침無	다르다 異なる	-ㄹ 것 같다	다를 것 같아요 異なりそうです
받침ㄹ	힘들다 大変だ		힘들 것 같아요 大変そうです
받침有	깊다 深い	-을 것 같다	깊을 것 같아요 深そうです

③ A: 이 옷 어때요?　　　　　　　　　　　　　　　118

　　B: 디자인은 예쁜데 저한테는 좀 작을 것 같아요.

④ 내일은 날씨가 추울 것 같아요.

⑤ A: 작업을 내일까지 끝낼 수 있어요?

　　B: 내일까지는 좀 힘들 것 같아요.

注意

　-있다, -없다 を含む形容詞 (맛있다 (おいしい), 맛없다 (おいしくない), 재미있다 (面白い), 재미없다 (面白くない), 멋있다 (素敵だ) など) の場合は、 -는 것 같다 や -을 것 같다 が付きます。

　맛있는 것 같다 (おいしいと思います) / 재미없는 것 같다 (面白くないと思います)
　맛있을 것 같다 (おいしそうです) / 재미없을 것 같다 (面白くなさそうです)

⑥ 이 가게 음식은 정말 맛있는 것 같아요.　　　　　119

　　この店の料理は本当においしいと思います。

⑦ 그 영화는 별로 재미없는 것 같아요.

　　その映画はあまり面白くないと思います。

第8課 시험 날　121

名詞–이다 や 名詞–가/이 아니다 の場合は、–ㄴ 것 같다 や –ㄹ 것 같다 が付きます。

⑧ 학생인 것 같아요. / 학생이 아닌 것 같아요.　　　🎧 120

（根拠）～を見ると　学生のようです。/ 学生ではないようです。

⑨ 학생일 것 같아요. / 학생이 아닐 것 같아요.

（根拠なし）なんとなく　学生のようです。/ 学生ではないようです。

練習 8-4　　例にならい次の用言を活用させよう。

		-(으)ㄴ 것 같아요	-(으)ㄹ 것 같아요
例) 게으르다	怠慢だ	게으른 것 같아요	게으를 것 같아요
(1) 궁금하다	気がかりだ		
(2) 좁다	狭い		
(3) 짜다	塩辛い		
(4) 똑같다	同じだ		
(5) 알맞다	適当だ		
(6) 필요하다	必要だ		
(7) 가볍다	軽い		
(8) 무겁다	重い		

122　maru 韓国語 中級

練習 8-5 例にならい、–(으)ㄴ 것 같다/–(으)ㄹ것 같다を使って対話を完成させよう。

例)
> A: 이 호텔로 예약할까요?
>
> B: 네, 이 호텔이 역에서 제일 (가깝다) → 가까운 것 같아요.
> はい、このホテルが駅から一番近いようです。

(1) A: 앞머리를 더 자를까요?　　　B: 아뇨, 지금도 (짧다)

　　→ _____

(2) A: 서류를 당장 보내야 돼요?　　B: 네, 방금 통화했는데 좀 (급하다)

　　→ _____

(3) A: 닭갈비를 먹을까요?　　　　　B: 고추장이 많이 들어가서 (맵다)

　　→ _____

(4) A: 벌써 졸업이네요.　　　　　　B: 졸업하면 친구들이 많이 (보고 싶다)

　　→ _____

(5) A: 오후에 출발할까요?　　　　　B: 일찍 출발하는 게 (좋다)

　　→ _____

練習 8-6 例にならい、–(으)ㄴ 것 같다 を使って文を完成させよう。

例)
> 옷이 좀 (　　–아서/어서) → 큰 것 같아서 작은 사이즈로 교환했어요.
> 服が少し　　　　　　　　大きいようなので小さいサイズに交換しました。

　아프다　적다　크다　바쁘다　유학생이다　싱겁다　멀다

(1) 많이 (　　–(으)ㄴ데) → _____ 병원에는 다녀왔어요?

(2) 양이 (　　–아서/어서) → _____ 하나 더 시켰어요.

(3) 다들 요즘 (　　–(으)니까) → _____ 모임을 다음으로 미룹시다.

(4) 거리가 꽤 (-(으)ㄴ데) → _____ 오늘 안에 도착할 수 있을까요?

(5) 국이 (-아서/어서) → _____ 소금을 더 넣었어요.

(6) (-(으)ㄴ데) → _____ 한국어를 정말 잘해요.

練習 8-7 例にならい、-(으)ㄹ 것 같다 を使って文を完成させよう。

例)

경쟁이 (-아서/어서) 걱정돼요. → 경쟁이 심할 것 같아서 걱정돼요.

競争が激しくなりそうで心配です。

필요하다   복잡하다   외롭다   심하다   미끄럽다   고프다   춥다

---

(1) 눈이 많이 와서 길이 (-(으)니까)

→ _____ 조심하세요.

(2) 이따가 배가 (-아서/어서)

→ _____ 간식을 좀 준비했어요.

(3) 날씨가 (-아서/어서)

→ _____ 목도리를 가져왔어요.

(4) 주말에는 (-(으)ㄴ데)

→ _____ 평일에 만나는 게 어때요?

(5) 명절에 혼자 있으면 (-아서/어서)

→ _____ 친구들하고 파티를 하려고 해요.

(6) 여행 갈 때 (-아서/어서)

→ _____ 큰 가방을 샀어요.

文法 3　-아/어하다　〜がる

🎧 121

学習文型

친구가 선물을 받고 아주 기뻐했어요.
友達がプレゼントをもらってとても喜びました。

우리 언니는 설거지를 귀찮아해요.
姉は洗い物を面倒くさがります。

文法的表現

主に心理や感情に関する形容詞に付いて【動詞化】させます。

接続

陽母音語幹 ㅏ, ㅗ	귀찮다	-아하다	귀찮아해요 面倒くさがります
陰母音語幹 ㅏ, ㅗ 以外	예쁘다	-어하다	예뻐해요 可愛がります
하다用言	불안하다	-해하다	불안해해요 不安がっています

用例

🎧 122

① 우리 강아지는 사람이 집에 없으면 너무 불안해해요.

② 어제 집에서 파티를 했는데 친구들 모두 무척 즐거워했어요.

③ 동생이 말을 안 들어서 부모님이 속상해하세요.

第 8 課 시험 날　125

練習 8-8 例にならい次の用言を活用させよう。

	–아/어하다			–아/어하다
例) 재미있다 面白い	재미있어하다	(6) 그립다 なつかしい		
(1) 불안하다 不安だ		(7) 무섭다 怖い		
(2) 귀찮다 面倒だ		(8) 아쉽다 惜しい		
(3) 슬프다 悲しい		(9) 예쁘다 かわいい		
(4) 기쁘다 嬉しい		(10) 즐겁다 楽しい		
(5) 힘들다 大変だ		(11) 궁금하다 気になる		

練習 8-9 例にならい、–아/어하다 → –아서/어서 へと活用して文を完成させよう。

例)
아이들이 (심심하다) + 아/어하다 → (심심해하다) + 아서/어서
子どもたちが 退屈だ 退屈がる

→ (심심해해서) 놀이공원에 데려갔어요.
退屈がっていたので遊園地に連れて行きました。

(1) 할머니께서 (답답하다) + 아/어하다

→ ( ) + 아서/어서 → ( ) 시골로 이사했어요.

(2) 가족들이 남자/여자친구를 (궁금하다) + 아/어하다

→ ( ) + 아서/어서 → ( ) 소개하려고 해요.

(3) 룸메이트가 지금 사는 집을 (불편하다) + 아/어하다

→ ( ) + 아서/어서 → ( ) 이사를 생각하고 있어요.

(4) 마지막 수업 때 다들 (아쉽다) + 아/어하다

→ ( ) + 아서/어서 → ( ) 같이 저녁을 먹었어요.

(5) 친구가 직장 생활을 (힘들다) + 아/어하다

→ ( ) + 아서/어서 → ( ) 위로해 줬어요.

(6) 딸이 제주도에 (가고 싶다) + 아/어하다

→ ( ) + 아서/어서 → ( ) 항공권을 알아보고 있어요.

文法 4　르不規則活用

学習文型　🎧123

말이 빨라서 못 알아듣겠어요.
話し方が速くて聞き取れません。

저하고 언니는 성격이 많이 달라요.
私と姉はずいぶん性格が違います。

르不規則活用

語幹の最後が 르 で終わる不規則用言は、-아/어で始まる語尾に付くと 르が脱落 して、残った語幹が 陽母音 のときは-ㄹ라 が付き、陰母音 のときは-ㄹ러 が付きます。

接続

르不規則		-아/어 で始まる語尾		※子音で始まる語尾
		-아요/어요	-아서/어서	-지만，-고 など
		르脱落，-ㄹ라 / -ㄹ러		規則活用
빠르다	速い	빨라요	빨라서	빠르지만, 빠르고
흐르다	流れる	흘러요	흘러서	흐르지만, 흐르고

用例　🎧124

① 요즘에 물가가 많이 올라서 생활비가 걱정이에요.

② 서둘러야 돼요. 늦겠어요.

③ 저는 잘 모르니까 유미 씨가 골라 주세요.

第 8 課 시험 날　127

練習 8-10 例にならい次の用言を活用させよう。

		–아서/어서	–아요/어요	–(으)면	–ㅂ니다/습니다
例) 오르다	上がる、登る	올라서	올라요	오르면	오릅니다
(1) 누르다	押す				
(2) 기르다	育てる、飼う				
(3) 조르다	せがむ				
(4) 마르다	痩せる、渇く				
(5) 게으르다	怠慢だ				
(6) 흐르다	流れる				
(7) 서두르다	急ぐ				

練習 8-11 例にならい対話文を完成させよう。

例)

A: 이 노래는 가사가 정말 좋죠? この歌は本当に歌詞がいいでしょ。

B: 너무 (빠르다)–아서/어서 → 너무 빨라서 가사를 못 알아듣겠어요.

あまりに速くて歌詞が聞き取れません。

(1) A: 왜 안 드세요? 더 드세요.

B: 배가 (부르다)–아서/어서

→ _____ 못 먹겠어요.

(2) A: 여기 생활에 적응했어요?

B: 네, 처음에는 문화가 (다르다)–아서/어서

→ _____ 힘들었는데 지금은 잘 적응했어요.

128　maru 韓国語 中級

(3) A: 헤어스타일이 바뀌었네요.

　　B: 네, 미용실에 가서 머리를 좀 (자르다)–았/었어요

　　→ _____.

(4) A: 여기에는 제가 찾는 스타일이 없는 것 같아요.

　　B: 저쪽에서 한번 (고르다)–아/어 봐요

　　→ _____.

(5) A: 해외 여행은 처음이에요?

　　B: 네, (모르다)–는

　　→ _____ 게 많아서 걱정이에요.

8課 会話

시험 날

🎧 125

김 선생님: ① 수고하셨습니다. 시험 잘 봤어요?

유   이: ② 문제가 어려웠어요. 실수도 많이 한 것 같아요.

김 선생님: ③ 그래요? 무슨 문제가 가장 어려웠어요?

유   이: ④ '듣기'가 너무 빨라서 잘 못 알아들었어요.

김 선생님: ⑤ 듣기 시험은 다들 힘들어하는 것 같아요.

⑥ 또 첫 시험이라서 긴장했을 거예요. 작문은 어땠어요?

유   이: ⑦ 짧은 문장은 괜찮았는데 긴 문장은 별로 자신이 없어요.

⑧ 아무래도 초급반에 들어가는 게 좋을 것 같아요.

김 선생님: ⑨ 글쎄요. 시험 결과 나오면 그때 다시 이야기해요.

発音

듣기 [듣끼]
긴장했을 거예요 [긴장해쓸꺼예요]
작문 [장문]
괜찮았는데 [괜차난는데]
초급반 [초급빤]

作文 1　次の文を韓国語に訳してみよう。

(1) 兄が弟と妹を可愛がっています。

(2) 母は他の人を助けることを喜んでいるようです。

(3) その人は背が高くて運動選手のようです。

(4) 性格はお父さんに似たようです。

(5) 外国に留学すると文化が違うので大変な時もあります。

作文 2　-(으)ㄴ /-는 /-(으)ㄹ 것 같다 を使って対話文を作り、話してみよう。

A	B
例) 이 영화 재미있을까요?	별로 재미없을 것 같아요.
(1)	
(2)	
(3)	

第 8 課 시험 날　131

【試験】に関する表現を増やそう！ 🎧 126

① 알맞은 말을 골라 문장을 완성하세요.
　適切な言葉を選んで文を完成させなさい。

② 가장 관련성이 적은 단어를 고르세요.
　最も関連性の低い単語を選びなさい。

③ 빈칸에 아래의 동사, 형용사의 활용형을 쓰십시오.
　空欄に下記の動詞、形容詞の活用形を書きなさい。

④ 물음에 맞는 대답을 찾아서 선으로 연결하십시오.
　質問に合った答えを見つけて線で繋ぎなさい。

⑤ 대화를 잘 듣고 물음에 답하십시오.
　対話をよく聞いて問いに答えなさい。

⑥ 다음을 읽고 글의 내용과 맞지 않는 것을 고르십시오.
　次の文を読んで内容と合わないものを選びなさい。

⑦ 빈칸에 들어갈 조사를 쓰십시오.
　空欄に入る助詞を書きなさい。

⑧ 다음 말에 이어지는 것을 고르십시오.
　次の言葉に続くものを選びなさい。

⑨ 다음을 순서에 맞게 나열하십시오.
　順序どおりになるように並べなさい。

⑩ 무엇에 대한 이야기입니까? 중심 생각을 고르십시오.
　何についての話ですか。中心となる考えを選びなさい。

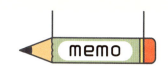

第9課 쓰레기 분리 수거 🎧127

음식물 쓰레기를 그냥 버려도 돼요? 🎧128
生ごみをそのまま捨ててもいいですか。

9課 学習文法

1	-(으)면 되다	～ればいい
2	-(으)면 안 되다	～てはいけない
3	-아도/-어도	～ても
4	-아도/어도 되다	～てもいい

単語

강사	講師	아무리	たとえ、どんなに
강의실	講義室	여쭤보다	お尋ねする
경력	経歴	음식물	食べ物、生もの
과제	課題	이상	以上
구청	区役所	일반 쓰레기	可燃ゴミ
내놓다	出しておく	재활용	リサイクル
누르다	押す	전자 제품	電化製品
뛰다	飛び跳ねる	제한	制限
–마다	～ごと	증명사진	証明写真
마음대로	思い通りに、勝手に	지원하다	支援する
모이다	集まる	질리다	飽きる
목이 마르다	喉が渇く	쪽	項、ページ
미만	未満	처리하다	処理する
방법	方法	출구	出口
버리다	捨てる	팔리다	売れる
부치다	(手紙、荷物を) 送る	품질	品質
분리 수거	分別収集	회원증	会員証
빨간불	赤信号	휴게실	休憩室
–세	～歳		
수강 신청	履修登録		
시설	施設		
신고	申告		
신분증	身分証		
실내	室内		
아무 데나	どこにでも		

136　maru 韓国語 中級

9課 쓰레기 분리 수거

文法 1　-(으)면 되다　〜ればいい

学習文型

🎧 129

몇 시까지 가면 돼요?
何時までに行けばいいですか。

모르면 물어보면 돼요.
わからなければ、きけばいいです。

文法的表現

用言に付いて、「〜ればいい」にあたります。

他者に対して助言したり助言を求めたりする時に用いられます。

接続

받침無	가다 行く	-면 되다	가면 돼요 行けばいいです
받침ㄹ	풀다 解く		풀면 돼요 解けばいいです
받침有	넣다 入れる	-으면 되다	넣으면 돼요 入れればいいです

第 9 課　쓰레기 분리 수거　137

用例

🎧 130

① A: 수강 신청은 언제까지 하면 돼요?

　 B: 이번주까지예요.

② A: 버스를 타려면 몇 번 출구로 나가면 됩니까?

　 B: 11번 출구로 나가시면 돼요.

③ A: 몇 쪽부터 읽으면 돼요?

　 B: 160쪽부터 읽으세요.

練習 9-1 　例にならい次の用言を活用させよう。

	-(으)면 되다		-(으)면 되다
例) 하다　　する	하면 돼요	(6) 주다 　　やる、あげる	
(1) 갈아타다 乗り換える		(7) 걷다　　　歩く	
(2) 걸다　　　かける		(8) 서두르다　急ぐ	
(3) 섞다　　　混ぜる		(9) 맡기다　　預ける	
(4) 고치다　　直す		(10) 굽다　　　焼く	
(5) 건너다　　渡る		(11) 연습하다 練習する	

| 練習 9-2 | 例にならい対話文を完成させよう。 |

例)
> A: 몇 시까지 갈까요? 何時までに行きましょうか。
> B: 오전 아홉 시까지 (오다) → 오전 아홉 시까지 오면 돼요.
> 午前9時までに来ればいいです。

(1) A: 잡채 만드는 방법을 알고 싶어요.

　　B: 인터넷에서 (검색하다) → _____

(2) A: 내일 서류가 도착하려면 몇 시까지 부쳐야 해요?

　　B: 오늘 오후 3시까지 (부치다) → _____

(3) A: 미국에 전화하려면 몇 번을 눌러야 해요?

　　B: 001을 (누르다) → _____

(4) A: 어디서 모여요?

　　B: 학교 앞 카페로 (오다) → _____

(5) A: 시설을 이용하려면 뭐가 필요해요?

　　B: 신분증만 (있다) → _____

第 9 課 쓰레기 분리 수거

文法 2　-(으)면 안 되다　〜てはいけない

🎧 131

学習文型

여기서 담배를 피우면 안 돼요.
ここでタバコを吸ってはいけません。

도서관에서 떠들면 안 됩니다.
図書館で騒いではいけません。

文法的表現

用言に付いて【禁止】を表し、「〜てはいけない」にあたります。

接続

받침無	가다 行く	**-면 안 되다**	가면 안 돼요 行ってはいけません
받침ㄹ	떠들다 騒ぐ		떠들면 안 돼요 騒いではいけません
받침有	먹다 食べる	**-으면 안 되다**	먹으면 안 돼요 食べてはいけません

用例

🎧 132

① 실내에서 뛰면 안 됩니다.

② 박물관에서는 사진을 찍으면 안 됩니다.

③ A: 나이 제한이 있어요?

　B: 네, 15세 미만이면 안 돼요.

④ 회원증을 만들 때 증명사진이 없으면 안 됩니다.

| 練習 9-3 | 例にならい次の用言を活用させよう。 |

	–(으)면 안 되다			–(으)면 안 되다
例) 지각하다 遅刻する	지각하면 안 돼요	(6) 놀리다 からかう		
(1) 먹다 食べる		(7) 받다 受け取る		
(2) 늦다 遅れる		(8) 들어가다 入る		
(3) 떠들다 騒ぐ		(9) 버리다 捨てる		
(4) 빠지다 抜ける		(10) 찍다 撮る		
(5) 약속을 어기다 約束を破る		(11) 거짓말하다 嘘をつく		

| 練習 9-4 | 例にならい文を完成させよう。

例)

약을 먹다 / 커피를 마시다 → 약을 먹을 때 커피를 마시면 안 돼요.
薬を飲む　　コーヒーを飲む　　薬を飲む時コーヒーを飲んではいけません。

(1) 운전하다 / 휴대폰을 보다

→ _____

(2) 수업을 듣다 / 음식을 먹다

→ _____

(3) 회의하다 / 마음대로 들어가다

→ _____

(4) 빨간불이다 / 길을 건너다

→ _____

(5) 김치찌개를 끓이다 / 물을 많이 넣다

→ _____

第 9 課 쓰레기 분리 수거　141

文法3　-아도/-어도　〜ても

🎧 133

学習文型

에어컨을 꺼도 시원해요.
エアコンを消しても涼しいです。

약을 먹어도 낫지 않아요.
薬を飲んでも治りません。

語尾

用言に付いて【譲歩】を表し、「〜ても」にあたります。

接続

陽母音語幹 ㅏ, ㅗ	가다 行く	-아도	가도 行っても
陰母音語幹 ㅏ, ㅗ以外	먹다 食べる	-어도	먹어도 食べても
하다用言	하다 する	-여도	해도 しても

用例

🎧 134

① 이 소설은 몇 번을 읽어도 재미있어요.

② 말을 하지 않아도 다 알아요.

③ 매일 먹어도 질리지 않아요.

④ 공부는 해도 해도 끝이 없어요.

練習 9-5   例にならい次の用言を活用させよう。

	–아도/어도			–아도/어도
例) 가다 行く	가도	(6) 바쁘다 忙しい		
(1) 싫다 嫌いだ		(7) 춥다 寒い		
(2) 찾다 探す		(8) 배가 부르다 満腹だ		
(3) 앉다 座る		(9) 기다리다 待つ		
(4) 켜다 点ける		(10) 듣다 聞く		
(5) 못하다 できない		(11) 슬프다 悲しい		

練習 9-6   例にならい文を完成させよう。

例)
열심히 일하다 / 돈이 없다 → 열심히 일해도 돈이 없어요.
一生懸命働く   お金がない   一生懸命働いてもお金がありません。

(1)일찍 가다 / 자리가 없다

→ _____

(2) 품질이 좋다 / 예쁘지 않으면 안 팔리다

→ _____

(3) 피곤하다 / 과제를 끝내야 하다

→ _____

(4) 어렵다 / 연습하면 잘할 수 있다

→ _____

(5) 택시를 타다 / 늦을 것 같다

→ _____

(6) 아무리 기다리다 / 연락이 없다

→ _____

第 9 課 쓰레기 분리 수거

文法 4　-아도/어도 되다　～てもいい

🎧 135

学習文型

안에 들어가도 돼요?
中に入ってもいいですか。

여기에 주차해도 돼요.
ここに駐車してもいいです。

文法的表現

用言に付いて【許可】を表し、「～てもいい」にあたります。

接続

陽母音語幹 ㅏ, ㅗ	가다 行く	-아도 되다	가도 돼요 行ってもいいです
陰母音語幹 ㅏ, ㅗ以外	먹다 食べる	-어도 되다	먹어도 돼요 食べてもいいです
하다用言	하다 する	-여도 되다	해도 돼요 してもいいです

用例

🎧 136

① 뭐 하나 여쭤봐도 돼요?

② 시험 문제를 다 푼 사람은 나가도 돼요.

③ 화장실 갔다 와도 돼요?

④ A: 학원 강사에 지원하고 싶은데 경력이 없어도 돼요?

　 B: 1년 이상 경력이 있어야 돼요.

144　maru 韓国語 中級

| 練習 9-7 | 例にならい対話文を完成させよう。 |

例)

A : 실내에서 (담배를 피우다)? → 실내에서 담배를 피워도 돼요?
　　　　　　　　　　　　　　　　室内でタバコを吸ってもいいですか。

B : 아니요, 실내에서는 금연이에요. いいえ、室内では禁煙です。

(1) A : 목이 마를 때 (커피를 마시다)

　　→ _____

　　B : 커피보다는 물을 마시는 게 좋아요.

(2) A : (볼펜 좀 쓰다)

　　→ _____

　　B : 네, 쓰세요.

(3) A : 강의실에서 (음식을 먹다)?

　　→ _____

　　B : 아니요, 음식은 휴게실에서 드세요.

(4) A : 좀 (들어가다)?

　　→ _____

　　B : 지금은 회의 중이라서 안 돼요.

(5) A : (불을 켜다)?

　　→ _____

　　B : 아니요, 아기가 자고 있어요.

第 9 課 쓰레기 분리 수거　145

9課 会話 쓰레기 분리 수거

🎧 137

유 이: ① 재활용 쓰레기는 언제 내야 돼요?

은 정: ② 건물마다 분리 수거장이 있으니까 언제든지 내면 돼요.

유 이: ③ 전자 제품은 어떻게 처리해요?

은 정: ④ 전자 제품은 마음대로 버리면 안 돼요.
⑤ 컴퓨터나 텔레비전 같은 건 구청에 신고를 해야 해요.

유 이: ⑥ 알겠습니다. 음식물 쓰레기는 그냥 버려도 돼요?

은 정: ⑦ 아니요, 음식물 쓰레기하고 일반 쓰레기는 꼭 봉투에 넣어서 내셔야 돼요.

유 이: ⑧ 쓰레기 분리 수거 안내는 몇 번을 들어도 잘 모르겠어요.

発音

분리[불리]
음식물[음싱물]
몇 번[면뻔]

作文 I 次の文を韓国語に訳してみよう。

※ 병 びん、캔 缶、여쭤보다 お尋ねする、길을 모르다 道がわからない/道を
  覚えられない

(1) リサイクルのゴミは木曜日に出せばいいです。

(2) びんと缶はここに捨ててはいけません。

(3) 大切な会議なので遅れてはいけません。

(4) 質問してもいいですか。

(5) 何度来ても道をよく覚えられません。

作文 2 -아/어도 되다 や -(으)면 되다/-(으)면 안 되다 を使って対
  話文を作り、話してみよう。

A	B
例) 여기에 쓰레기를 버려도 돼요?	아니요, 여기에 버리시면 안 돼요.
(1)	
(2)	
(3)	

第 9 課 쓰레기 분리 수거 147

【施設利用】に関する表現を増やそう！ 🎧 138

① 음식물 반입은 금지입니다.
　　飲食物の持ち込みは禁止します。

② 예약 시간 10분전까지 입실해 주시기 바랍니다.
　　予約時間の10分前までに入室してください。

③ 사용하신 물건은 제자리에 놓아 주십시오.
　　使用したものは元の場所に戻してください。

④ 퇴실 시에는 불을 꺼 주시기 바랍니다.
　　退出時に灯りを消してください。

⑤ 시설 이용은 최대 2시간으로 제한합니다.
　　施設の利用は最大２時間までです。

⑥ 쓰레기는 각자 집으로 가져가세요.
　　ゴミは各自持ち帰ってください。

⑦ 건물 전체가 금연 구역입니다.
　　建物全体が禁煙です。

⑧ 10시 이후에는 큰 소음은 자제해 주십시오.
　　10時以降は大きな音をたてないでください。

⑨ 모든 사람이 함께 사용하는 물건입니다.
　　多くの人が共同で使用する物です。

⑩ 전시품에 손을 대지 마십시오.
　　展示品に触れないでください。

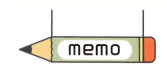

第10課 다문화 축제

🎧 139

다문화 축제에 참여해 본 적이 있어요? 🎧 140
多文化フェスティバルに参加したことがありますか。

10課　学習文法

1	-(으)ㄴ 적이 있다/없다	~たことがある/ない
2	-(으)면서	~ながら
3	-(으)ㄹ 줄 알다/모르다	~する方法を知っている/知らない
		~できる/できない
4	-지 못하다	~できない

単語

개	犬	앱을 깔다	アプリをダウンロードする
겁이 많다	怖がりだ	운전하다	運転する
곤란하다	困る	웃음	笑い
공포	恐怖、ホラー	일단	一旦、まずは
과자	お菓子	일정	日程
기르다	育てる、飼う	전통	伝統
기분이 좋다	気分が良い	주최하다	主催する
길을 잃어버리다	道に迷う	참다	我慢する
김치를 담그다	キムチを漬ける	참석하다	参席する
노래	歌	참여하다	参加する
다문화	多文化	처음	初めて
동영상	動画	체험하다	体験する
드라마	ドラマ	축제	フェスティバル、お祭り
매년	毎年	춤추다	踊る
부스	ブース	케이팝	K-POP
불편해하다	不便に思う、不便がる	템플 스테이	宿坊体験
서류	書類	편집하다	編集する
서핑	サーフィン	프랑스어	フランス語
손님	お客	한자	漢字
술	お酒	항상	いつも
스케줄	スケジュール	행사	行事、イベント
(스트레스를) 풀다	(ストレスを)解消する	혼자(서)	ひとりで
악보	楽譜	힘들다	大変だ、しんどい
안내 책자	パンフレット		

10課 다문화 축제

文法 1 　-(으)ㄴ 적이 있다/없다
～たことがある/ない

🎧 141

学習文型

한복을 입은 적이 있어요?
韓服を着たことがありますか。

제주도에 간 적이 없어요.
チェジュ島に行ったことがありません。

文法的表現

〈動詞過去連体形 + 적이 있다/없다〉の形式で、【経験の有無】を表します。

接続

받침無	가다 行く	-ㄴ 적이 있다/없다	간 적이 있어요 / 없어요 行ったことがあります/ありません
받침ㄹ	울다 ㄹ脱落 泣く		운 적이 있어요 / 없어요 泣いたことがあります/ありません
받침有	먹다 食べる	-은 적이 있다/없다	먹은 적이 있어요 / 없어요 食べたことがあります/ありません

第10課 다문화 축제

用例 🎧 142

① A: 프랑스어를 배운 적이 있어요?

　 B: 아니요, 배운 적이 없어요.

② A: 한국 노래를 들은 적이 있어요?

　 B: 네, 케이팝을 좋아해서 많이 들어 봤어요.

③ A: 불고기를 먹어 봤어요?

　 B: 네, 한국 식당에서 먹은 적이 있어요.

参考　 –아/어 보다 + –(으)ㄴ 적이 있다/없다

直前に「～てみる」にあたる –아/어 보다 が入る場合が多いです。

④ 저는 혼자서 여행을 가 본 적이 없어요. 🎧 143

　 私は一人で旅行に行ったことがありません。

⑤ 유람선을 타 본 적이 있습니까?

　 遊覧船に乗ったことがありますか。

練習 10-1　 例にならい次の用言を活用させよう。

	–(으)ㄴ 적이 없다	–(으)ㄴ 적이 있다	–아/어 본 적이 있다
例) 만나다　会う	만난 적이 없어요	만난 적이 있어요	만나 본 적이 있어요
(1) 사다　　買う			
(2) 만들다　作る			
(3) 구경하다 見物する			
(4) 듣다　　聞く			
(5) 읽다　　読む			
(6) 살다　　住む			
(7) 배우다　学ぶ			

練習 10-2 | 例にならい対話文を完成させよう。

例)

아이돌, 좋아하다

A: 아이돌을 좋아한 적이 있어요?　アイドルを好きになったことがありますか。
B: 네, 좋아한 적이 있어요.　　 / 　아뇨, 좋아한 적이 없어요.
　はい、好きになったことがあります。　いいえ、好きになったことがありません。

(1) 길, 잃어버리다

　　A: _____

　　B: _____

(2) 스키, 타다

　　A: _____

　　B: _____

(3) 술, 마시다

　　A: _____

　　B: _____

(4) 돈, 벌다

　　A: _____

　　B: _____

(5) 개나 고양이, 기르다

　　A: _____

　　B: _____

第10課 다문화 축제　155

文法 2 -(으)면서 ～ながら

🎧 144

学習文型

음악을 들으면서 운동을 해요.
音楽を聴きながら運動をします。

영화가 슬퍼서 울면서 봤어요.
映画が悲しくて泣きながら見ました。

語尾

動詞に付いて、２つの動作が【同時】に起こることを表します。

接続

받침無	가다 行く	−면서	가면서 行きながら
받침ㄹ	울다 泣く		울면서 泣きながら
받침有	먹다 食べる	−으면서	먹으면서 食べながら

用例

🎧 145

① 운전하면서 전화하면 안 됩니다.

② 과자를 먹으면서 텔레비전을 봐요.

③ 커피를 마시면서 친구를 기다렸어요.

④ 항상 웃으면서 인사해요.

練習 10-3　例にならい次の用言を活用させよう。

	-(으)면서		-(으)면서
例) 보다　見る	보면서	(4) 졸다　居眠りする	
(1) 읽다　読む		(5) 다니다　通う	
(2) 듣다　聞く		(6) 굽다　焼く	
(3) 검색하다　検索する		(7) 씻다　洗う	

練習 10-4　例にならい対話文を完成させよう。

例)
A: 그동안 어떻게 지냈어요?
　その間どのように過ごしていましたか。
B: 아르바이트를 하다, 학교에 다니다
→ 아르바이트를 하면서 학교에 다녔어요.
　アルバイトをしながら学校に通っていました。

(1) A: 주말에 뭐 했어요?

　　B: 드라마를 보다, 쉬다　→ _____

(2) A: 스트레스가 쌓이면 어떻게 해요?

　　B: 맛있는 음식을 먹다, 스트레스를 풀다 → _____

(3) A: 심심할 때 뭐 해요?

　　B: 책을 읽다, 시간을 보내다　→ _____

(4) A: 기분이 좋으면 어떻게 해요?

　　B: 노래를 부르다, 춤추다　→ _____

(5) A: 고민이 있을 때 어떻게 해요?

　　B: 걷다, 생각을 하다　→ _____

第 10 課　다문화 축제

文法3 -(으)ㄹ 줄 알다/모르다
～する方法を知っている/知らない
～できる/できない

🎧 146

学習文型

영어를 할 줄 알아요?
英語が話せますか。

저는 운전을 할 줄 몰라요.
私は運転ができません。

文法的表現

〈動詞語幹＋(으)ㄹ 줄 알다/모르다〉の形式で、【方法の認知・能力の有無】を表します。

接続

받침無	타다 乗る	-ㄹ 줄 알다/모르다	탈 줄 알아요 / 몰라요 乗れます/乗れません
받침ㄹ	만들다 ㄹ脱落 作る		만들 줄 알아요 / 몰라요 作れます/作れません
받침有	먹다 食べる	-을 줄 알다/모르다	먹을 줄 알아요 / 몰라요 食べられます/食べられません

用例

🎧 147

① A: 김치를 담글 줄 알아요?

   B: 네, 템플 스테이에서 배웠어요.

② 휴대폰에 앱을 깔 줄 몰라서 불편해하시는 손님들도 많아요.

③ 혼자 살 때 요리를 할 줄 모르면 힘들어요.

④ 동영상을 편집할 줄 알면 좀 가르쳐 주세요.

158　maru 韓国語 中級

練習 10-5　　例にならい次の用言を活用させよう。

		-(으)ㄹ 줄 알아요	-(으)ㄹ 줄 몰라요
例) 하다	する	할 줄 알아요	할 줄 몰라요
(1) 쓰다	書く、使う		
(2) 다루다	扱う		
(3) 치다	弾く		
(4) 읽다	読む		
(5) 만들다	作る		
(6) 사용하다	使用する		
(7) 굽다	焼く		

練習 10-6　　例にならい対話文を完成させよう。

例)
한자를 쓰다

A: 한자를 쓸 줄 알아요?　　漢字を書くことができますか。

B: 네, 쓸 줄 알아요.　　/　　아니요, 쓸 줄 몰라요.

　　はい、書くことができます。　いいえ、書くことができません。

(1) 기타를 치다　　　　　A: _____

　　　　　　　　　　　　B: _____

(2) 서핑을 하다　　　　　A: _____

　　　　　　　　　　　　B: _____

(3) 떡볶이를 만들다　　　A: _____

　　　　　　　　　　　　B: _____

(4) 인터넷으로 서류를 떼다　A: _____

　　　　　　　　　　　　B: _____

(5) 악보를 읽다　　　　　A: _____

　　　　　　　　　　　　B: _____

第 10 課 다문화 축제

文法 4　-지 못하다 ～できない

🎧 148

学習文型

발이 아파서 걷지 못해요.
足が痛くて歩けません。

매운 음식은 잘 먹지 못합니다.
辛い食べ物はあまり食べられません。

文法的表現

動詞に付いて、【不可能】または【能力がない】ことを表します。
〈못＋動詞〉の形式でも同じ意味で、話し言葉では主にこちらを用います。

接続

받침無	가다	-지 못하다	가지 못해요 行けません
받침有	먹다		먹지 못해요 食べられません

用例

🎧 149

① A: 음식을 더 드릴까요?

　 B: 아니요, 배가 불러서 더 먹지 못하겠어요. / 못 먹겠어요.

② 웃음을 참지 못해서 / 못 참아서 곤란했어요.

③ 한글은 읽을 수 있는데 한자는 읽지 못해요. / 못 읽어요.

④ 일정이 바빠서 참석하지 못합니다. / 참석 못 합니다.

160　maru 韓国語 中級

| 練習 10-7 | 例にならい次の用言を活用させよう。 |

		動詞 –지 못해요	못＋動詞
例）가다	行く	가지 못해요	못 가요
(1) 먹다	食べる		
(2) 찾다	探す		
(3) 끊다	切る		
(4) 놀다	遊ぶ		
(5) 쉬다	休む		
(6) 일어나다	起きる		
(7) 타다	乗る		
(8) 참여하다	参加する		

| 練習 10-8 | 例にならい対話文を完成させよう。 |

例）
A: 이것 좀 잘라 주세요.　これをちょっと切ってください。
B: 가위가 없다, 자르다 → 가위가 없어서 자르지 못해요.
　　　　　　　　　　　　はさみがなくて、切れません。

(1) A: 공포 영화를 볼까요?　　　　B: 겁이 많다, 공포 영화를 보다
　　　→ _____

(2) A: 혼자서 짐을 들 수 있어요?　B: 무겁다, 혼자서 들다
　　　→ _____

(3) A: 오늘 한 잔 어때요?　　　　 B: 운전을 해야 하다, 술을 마시다
　　　→ _____

(4) A: 택배를 받았어요?　　　　　B: 외출하다, 택배를 받다
　　　→ _____

(5) A: 서류를 보냈어요?　　　　　B: 오늘 쉬는 날이다, 보내다
　　　→ _____

第 10 課 다문화 축제　　161

10課 会話 다문화 축제

🎧 150

왕　진: ① 다문화 축제에 참여해 본 적이 있어요?
유　이: ② 아니요, 저는 처음 와 봐요.
　　　　③ 기다리면서 안내 책자를 봤는데 서울시에서 주최하는 행사네요.
왕　진: ④ 맞아요. 여러 나라의 문화를 체험하는 행사인데 매년 열려요.
　　　　⑤ 어디부터 가 볼까요?
유　이: ⑥ 전통 요리 부스부터 가요. 아침을 안 먹어서 배가 고파요.
왕　진: ⑦ 좋아요. 유이 씨, 매운 음식도 먹을 줄 알아요?
유　이: ⑧ 저는 너무 매운 음식은 잘 먹지 못해요.
왕　진: ⑨ 일단, 가 봅시다. 안 매운 음식도 많이 있을 거예요.

発音

축제[축쩨]
책자[책짜]
먹지 못해요[먹찌모태요]
일단[일딴]

作文 1 | 次の文を韓国語に訳してみよう。

(1) スピーチ大会に**出たことがありますか**。

(2) 普段、音楽を**聴きながら**宿題をします。

(3) スケジュールが合わなくて**参加できません**。

(4) 動画の編集の**仕方を知っていたら**教えてください。

(5) 多文化フェスティバルは、いろいろな国の文化を**体験する**行事です。

作文 2 | -(으)ㄴ 적이 있어요 を使って対話文を作り、話してみよう。

A	B
例) 닭갈비를 먹어 본 적이 있어요?	아니요, 아직 먹어 보지 못했어요.
(1)	
(2)	
(3)	

第 10 課 다문화 축제 163

【フェスティバル・お祭り】に関する表現を増やそう！

① 전통 놀이 체험은 몇 시부터 시작해요?
　伝統の遊び体験は何時から始まりますか。

② 참가 신청은 어디서 하면 돼요?
　参加の申し込みはどこですればいいですか。

③ 불꽃놀이도 볼 수 있어요?
　花火も見られますか。

④ 체험 프로그램은 누구나 참여 가능합니다.
　体験プログラムは誰でも参加できます。

⑤ 전시관은 오후 7시까지 운영합니다.
　展示館は午後7時まで開館しています。

⑥ 포토존은 각 부스 옆에 있습니다.
　撮影ゾーンは各ブースの横にあります。

⑦ 비대면으로 진행되는 행사도 있습니다.
　非対面で行われるイベントもあります。

⑧ 참여한 모든 사람에게는 기념품을 제공할 예정입니다.
　参加いただいた全員の方に記念品を差し上げる予定です。

⑨ 어디서 주최하는 행사입니까?
　イベントの主催はどこですか。

⑩ 뮤직 페스티벌은 광화문 광장에서 개최됩니다.
　ミュージックフェスティバルはカンファムン（光化門）で開催されます。

文法リスト

・語尾・文法的表現リスト

用言Ⅰ：語幹の種類を区別せず付けるタイプ

用言Ⅱ：母音語幹と子音語幹を区別して付けるタイプ

用言Ⅲ：陽母音語幹と陰母音語幹を区別して付けるタイプ

先行	語尾・文法的表現	意味	活用例	
用言Ⅱ	–(으)ㄴ	動詞連体形（過去） 形容詞連体形（現在）	간 사람 예쁜 가방	찍은 사진 좋은 날씨
用言Ⅱ	–(으)ㄴ 적이없다	～たことがない	간 적이 없다	먹은 적이없다
用言Ⅱ	–(으)ㄴ 적이있다	～たことがある	본 적이 있다	읽은 적이있다
用言Ⅱ	–(으)ㄴ 후에	～た後で、～た後に	마신 후에	먹은 후에
用言Ⅱ	–(으)ㄴ데	～するが、～だが	바쁜데	좋은데
用言Ⅱ	–(으)니까	～ので、から	바쁘니까	없으니까
用言Ⅱ	–(으)ㄹ	動詞連体形（未来）	할 일	먹을 음식
用言Ⅱ	–(으)ㄹ 거예요	～つもりです、～でしょう	갈 거예요	먹을 거예요
用言Ⅱ	–(으)ㄹ 것 같다	～ようだ、～そうだ（動詞）	올 것 같다	늦을 것 같다
用言Ⅱ	–(으)ㄹ 것 같다	～そうだ、 ～と思う（形容詞）	클 것 같다	작을 것 같다
用言Ⅱ	–(으)ㄹ 때	～する時	갈 때	먹을 때
用言Ⅱ	–(으)ㄹ 수 없다	～できない	갈 수 없다	찾을 수 없다
用言Ⅱ	–(으)ㄹ 수 있다	～できる	할 수 있다	먹을 수 있다
用言Ⅱ	–(으)ㄹ 줄 모르다	～する方法を知らない、 ～できない	운전할 줄 모르다	읽을 줄 모르다

文法リスト

用言II	-(으)ㄹ 줄 알다	~する方法を知っている、 ~できる	요리할 줄 알다	찾을 줄 알다
用言II	-(으)ㄹ게요	~ますから、~ますよ	기다릴게요	먹을게요
用言II	-(으)ㄹ까요?	~ましょうか、 ~でしょうか	갈까요?	먹을까요?
用言II	-(으)러	~（し）に	보러	먹으러
用言II	-(으)려고	~ようと	하려고	읽으려고
用言II	-(으)려고 하다	~ようと思う	가려고 하다	먹으려고 하다
用言II	-(으)려고요	~ようと思いまして	가려고요	먹으려고요
用言II	-(으)려면	~ようとするなら	가려면	받으려면
用言II	-(으)면	~れば、~ならば、~と	바쁘면	있으면
用言II	-(으)면 되다	~ればいい	하면 되다	받으면 되다
用言II	-(으)면 안 되다	~てはいけない	버리면 안되다	찍으면 안되다
用言II	-(으)면서	~ながら	하면서	먹으면서
用言II	-(으)ㅂ시다	~ましょう	갑시다	먹읍시다
用言II	-(으)세요	~てください	기다리세요	받으세요
用言II	-(으)셨-	~なさった	가셨다	찾으셨다
用言II	-(으)시-	~なさる	말씀하시다	좋으시다
用言II	-(으)십시오	お~ください（尊敬）	오십시오	받으십시오
体言	-(이)라서	~なので	휴가라서	주말이라서
体言	-(이)지요(죠)	~ですよ（ね）、 ~ますよ（ね）	휴가지요?	시험이지요?
体言	-가/이 아니다	~ではない	누나가 아니다	학생이 아니다
用言I	-거나	~（す）るか	가거나	듣거나
用言I	-겠-	~（す）るつもり	가겠다	먹겠다
用言I	-고	~し、~して	싸고	맛있고

166　maru 韓国語 中級

用言Ⅰ	−고 계시다	～ていらっしゃる（尊敬）	주무시고 계시다	살고 계시다
用言Ⅰ	−고 싶다	～したい	보고 싶다	먹고 싶다
用言Ⅰ	−고 있다	～ている	가고 있다	먹고 있다
用言Ⅰ	−고요	～しますし	하고요	먹고요
用言Ⅰ	−기 전에	～する前に	자기 전에	먹기 전에
用言Ⅰ	−네요	～ですね、ますね	싸네요	좋네요
用言Ⅰ	−는	動詞連体形（現在）	보는 드라마	먹는 사람
用言Ⅰ	−는 것 같다	～ようだ	가는 것 같다	먹는 것 같다
用言Ⅰ	−는데	～するが、～だが	하는데	먹는데
用言Ⅱ	−ㅂ니다/습니다	～です、～ます	갑니다	있습니다
用言Ⅲ	−아/어 드리다	～してさし上げる	찾아 드리다	들어 드리다
用言Ⅲ	−아/어 보다	～てみる	가 보다	입어 보다
用言Ⅲ	−아/어 주다	～てやる、～てくれる	찾아 주다	만들어 주다
用言Ⅲ	−아/어도	～ても	가도	먹어도
用言Ⅲ	−아/어도 되다	～てもいい	가도 되다	먹어도 되다
用言Ⅲ	−아/어서	～ので・から、～で	바빠서	맛있어서
用言Ⅲ	−아/어서요	～です・ますから、～ので	일이 많아서요	시간이 없어서요
用言Ⅲ	−아/어야 되다	～なければならない	해야 되다	기다려야 되다
用言Ⅲ	−아/어야 하다	～なければならない	가야 하다	읽어야 하다
用言Ⅲ	−아/어요	～です、～ます	먹어요	좋아요
用言Ⅲ	−아/어하다	～がる	귀찮아하다	힘들어하다
用言Ⅲ	−았/었다	～た、～だった	찾았다	없었다
用言Ⅲ	−았/었을 때	～した時	갔을 때	슬펐을 때
体言	−예요/이에요	～です（か）	어디예요?	이쪽이에요
体言	−인	～である（連体形）	휴가인 사람	학생인 사람
体言	−입니까?	～ですか	친구입니까?	형입니까?

文法リスト 167

体言	–입니다	～です	오빠입니다	학생입니다
用言Ⅰ	–지 못하다	～できない	가지 못하다	받지 못하다
用言Ⅰ	–지 않다	～ない、～くない	가지 않다	좋지 않다
用言Ⅰ	–지만	～けど、だが	하지만	먹지만
用言Ⅰ	–지요(죠)	～でしょう、～ですよね	가지요?	먹지요?

・助詞リスト

助詞	意味	接続例	
(으)로	～で、～へ	버스로	유럽으로
(이)나	～か、～や	커피나 주스	김이나 과자
(이)라도	～でも	커피라도	밥이라도
가/이	～が	친구가	동생이
까지	～まで	언제까지	역까지
께	～に（尊敬）	할머니께	부모님께
께서	～が（尊敬）	할아버지께서	선생님께서
께서는	～は（尊敬）	할아버지께서는	부모님께서는
께서도	～も（尊敬）	어머니께서도	선생님께서도
는/은	～は	나는	동생은
도	～も	저도	그 사람도
를/을	～を	친구를	밥을
마다	～ごと	나라마다	아침마다
만	～だけ	공부만	게임만
밖에	～しか	나밖에	이것밖에
보다	～より	저보다	생각보다
부터	～（時間、数、順序）から	다음 주부터	내일부터

에	〜に	집에	주말에
에게	〜（人・動物）に	누구에게	형에게
에게서	〜（人・動物）から	오빠에게서	형에게서
에도	〜にも	여기에도	집에도
에서	〜で、〜（場所）から	학교에서	공항에서
와/과	〜と	누나와	형과
(이)요	〜です（か）	언제요?	정말이요?
하고	〜と	친구하고	가족하고
한테	〜（人・動物）に	언니한테	동생한테
한테서	〜（人・動物）から	친구한테서	동생한테서

・不規則活用

不規則活用	環境	活用例
ㄷ不規則活用	−아/어, −으가 続く時	듣다　들어서　들으면 걷다　걸어서　걸으면
ㄹ脱落	−ㅅ,ㅂ,오,ㄴが続く時	살다　삽니다 만들다　만드세요
르不規則活用	−아/어が続く時	빠르다　빨라서 부르다　불러서
ㅂ不規則活用	−아/어, −으가続く時	춥다　추워서　추우면 가깝다　가까워서　가까우면
ㅅ不規則活用	−아/어, −으가続く時	낫다　나아서　나으면 짓다　지어서　지으면
으脱落	−아/어が続く時	바쁘다　바빠요 슬프다　슬퍼요

文法リスト　169

語彙索引

韓国語	日本語	課
ㄱ		
가게	お店	4 課
가격	価格	7 課
가깝다	近い	4 課
가렵다	かゆい	5 課
가르치다	教える	3 課
가사	歌詞	8 課
가수	歌手	2 課
가위	はさみ	3 課
가장	最も	5 課
가족	家族	5 課
가지고 가다	持っていく	4 課
가짜	偽物	4 課
간식	おやつ	8 課
간장	醤油	3 課
갈아입다	着替える	1 課
감기 기운	風邪気味	7 課
감기약	風邪薬	7 課
감기에 걸리다	風邪をひく	5 課
감사 인사	お礼のあいさつ	2 課
값	価格	7 課
갔다 오다	行ってくる	7 課
강	川	5 課
강사	講師	9 課
강아지	子犬	7 課
강의	講義	4 課
강의실	講義室	9 課
같이	一緒に	2 課
개	犬	10 課
개봉하다	封切る、リリースする	7 課
거기	そこ	6 課
거래처	取引先	1 課
거리	距離	4 課
걱정	心配	8 課

韓国語	日本語	課
걱정되다	心配だ	8 課
건	ものは（것은の縮約形）	9 課
건너다	渡る	6 課
건물	建物	7 課
걷다	歩く	4 課
걸리다	（時間が）かかる	4 課
걸어서	歩いて	4 課
검색하다	検索する	2 課
겁이 많다	怖がりだ	10 課
것	もの、事	5 課
게으르다	怠け者だ、横着だ	8 課
게임	ゲーム	1 課
결과	結果	8 課
결정하다	決定する	7 課
결혼하다	結婚する	7 課
경력	経歴	9 課
경복궁	キョンボックン（景福宮）	3 課
경쟁	競争	8 課
경험	経験	3 課
계획	計画	5 課
고기	肉	2 課
고르다	選ぶ	1 課
고맙다	ありがたい	1 課
고민	悩み	3 課
고양이	猫	10 課
고추장	コチュジャン	8 課
고향	故郷、地元	1 課
곤란하다	困る	10 課
곧	すぐに、間もなく	8 課
골동품	骨董品	4 課
곱다	きれいだ	2 課
곳	ところ、場所	5 課
공연	公演	8 課
공원	公園	4 課
공포 영화	ホラー映画	10 課

170　maru 韓国語 中級

공항	空港	6課	극장	映画館、劇場	6課
공휴일	公休日	4課	근처	近所、近く、近くの	7課
과	課	5課	글쎄요	そうですねえ	8課
과식하다	食べ過ぎる	3課	금방	すぐに、今さっき	1課
과자	お菓子	3課	금연	禁煙	9課
과장님	課長	1課	급하다	急ぎだ	5課
과제	課題	6課	긋다	（線を）引く	7課
관객	観客	3課	기간	期間	2課
관심이 있다	興味がある	5課	기다리다	待つ	1課
괜찮다	大丈夫だ	2課	기르다	育てる、飼う	10課
교대역	キョデ（教大）駅	6課	기말 시험	期末試験	4課
교수님	教授	1課	기분	気分	5課
교실	教室	2課	기분이 좋다	気分が良い	10課
교통	交通	4課	기쁘다	嬉しい	8課
교통비	交通費	2課	기숙사	寄宿舎	5課
교환하다	交換する	8課	기억이 나다	思い出す	8課
구경하다	見物する	4課	기침이 나다	咳が出る	7課
구두	靴	3課	기타를 치다	ギターを弾く	3課
구매하다	購入する	1課	긴장하다	緊張する	8課
구청	区役所	9課	길	道	2課
구하다	求める、探す	6課	길다	長い	4課
국	汁、スープ	7課	길을 모르다	道を知らない、道がわからない	2課
국제 운전면허증	国際運転免許証	6課			
궁금하다	気にかかる	8課	길을 잃어버리다	道に迷う	10課
귀엽다	かわいい	5課	길이	長さ	4課
그 말	その言葉	4課	길이 막히다	道が混む	1課
그건	それは（그것은の縮約形）	7課	김	海苔	5課
그냥	そのまま、ただ	1課	김밥	のり巻き	5課
그냥 두다	そのままにしておく	8課	김치	キムチ	1課
그동안	その間	10課	김치를 담그다	キムチを漬ける	10課
그때	その時、あの時	8課	깎다	剥く（むく）	3課
그래서	それで	2課	깨끗하다	清潔だ	3課
그래요	そうしましょう、そうです	3課	꼭	必ず、是非	9課
그래요?	そうですか	7課	꽤	かなり	4課
그러면	それでは	3課	끄다	消す	3課
그런데	ところで	1課	끊기다	切れる	4課
그럼	では	1課	끊다	切る	3課
그럼요	もちろんです	4課	끓다	沸く	7課
그리고	そして	4課	끓이다	煮る、沸かす	6課
그쪽	そちら側	3課	끝	終わり	9課

語彙索引 171

끝나다	終わる	2課
끝내다	終える	7課

ㄴ

나가다	出かける、出ていく	3課
나라	国	5課
나오다	出てくる	8課
나이	年齢	9課
나중에	あとで	5課
날	日	5課
날씨	天気	2課
남다	余る、残る	5課
남동생	弟	8課
남자 친구	彼氏	8課
낫다	治る、より良い	7課
낮	昼	7課
내년	来年	5課
내다	出す	1課
내리다	降りる、降る	6課
내성적이다	内気だ	5課
내용	内容	5課
내일	明日	4課
냉장고	冷蔵庫	8課
너무	とても、あまりにも	1課
넓다	広い	4課
넣다	入れる	7課
-년	～年	9課
노래	歌	2課
노래방	カラオケ	5課
놀다	遊ぶ	6課
놀이공원	遊園地	8課
놓치다	逃す	1課
누가	誰が	1課
누르다	押す	9課
눈	目	7課
눈물이 나다	涙が出る	7課
눕다	横になる	6課
늦게	遅く	1課
늦다	遅い、遅れる	1課
늦잠(을) 자다	朝寝坊（を）する	1課

ㄷ

다	すべて	2課
다녀오다	行ってくる	1課
다들	皆	8課
다르다	異なる	8課
다른 사람	他の人	4課
다문화	多文化	10課
다시	再び	8課
다음	次、次の	2課
다음 달	来月	4課
다음 주	来週	1課
다음에	次（に）	1課
다이어트	ダイエット	1課
다투다	言い争う	2課
단어	単語	5課
단어 시험	単語試験	8課
닫다	閉める	3課
달다	甘い	5課
닭갈비	タッカルビ	5課
닮다	似ている	8課
담배	タバコ	9課
답답하다	息苦しい	8課
답장	返事	8課
당장	すぐに、ただちに	8課
대단하다	すごい	4課
대학	大学	6課
대학교	大学校	2課
대화문	対話文	7課
더	より、もっと	4課
덥다	暑い	2課
데	ところ	5課
데우다	温める	1課
도시락	お弁当	4課
도심	都心	6課
도와드리다	お手伝いする	6課
도와주다	手伝う	3課
도장을 찍다	判子を押す	1課
도착하다	到着する	4課
돈	お金	2課
돈을 벌다	お金を稼ぐ	2課

172　maru 韓国語 中級

돈을 찾다	お金をおろす	6課
돌다	回る、曲がる	7課
돌리다	回す	1課
돌아오다	帰ってくる	8課
돕다	助ける	2課
동네	町、近所	4課
동료	同僚	5課
동영상	動画	10課
동호회	同好会	6課
돼지갈비	豚カルビ	5課
되다	なる	6課
된장찌개	テンジャンチゲ	6課
둘러보다	見て回る	4課
뒤	あと、後ろ	7課
드라마	ドラマ	5課
드리다	差し上げる	3課
드시다	召し上がる	1課
든든하다	頼もしい	6課
듣기	ヒアリング	8課
듣다	聞く	4課
들다	持つ	2課
들리다	聞える	7課
들어가다	入る（入っていく）	8課
등록하다	登録する	6課
등산	登山	2課
디자인	デザイン	7課
디저트	デザート	5課
따다	取得する	7課
따뜻하다	暖かい	3課
딸	娘	8課
때	時	5課
떠들다	騒ぐ	9課
떡볶이	トッポッキ	5課
또	また	8課
똑같다	（まったく）同じだ、そっくりだ	8課
뛰다	飛び跳ねる	9課
뜨겁다	熱い	7課

ㄹ

라면을 끓이다	ラーメンを作る（煮る）	1課
레몬차	レモン茶	7課
룸메이트	ルームメイト	8課

ㅁ

마시다	飲む	2課
마음대로	思い通りに、勝手に	9課
마음에 들다	気に入る	3課
마지막	最後	8課
마트	マート、大型スーパー	7課
만나다	会う	6課
많다	多い	1課
많이	たくさん、とても	2課
말씀하시다	仰る	1課
말을 안 듣다	言うことを聞かない	8課
말(을) 하다	言う、話す	5課
말하기 대회	スピーチ大会	10課
맛	味	2課
맛없다	まずい	2課
맛있다	おいしい	1課
맛집	おいしいお店	3課
맞다	合う	7課
맞아요	そのとおりです	5課
맡기다	預ける	7課
맡다	受け持つ、預かる	3課
매년	毎年	10課
매일	毎日	4課
매진되다	売り切れる	8課
맥주	ビール	2課
맵다	辛い	2課
먼저	まず、先に	1課
멀다	遠い	4課
메뉴	メニュー	7課
메일	メール	2課
메일주소	メールアドレス	3課
며칠	何日	7課
면	麺	7課
면세점	免税店	7課
면접	面接	4課

語彙索引 173

명절	祝祭日、節句	8課		미용실	美容室	8課
몇 번	何番、何度、何回	9課		믿다	信じる	4課
몇 시	何時	4課		밀다	押す	1課
몇 쪽	何ページ	9課		밀리리터	ミリリットル	7課
모두	すべて、皆	8課		밑줄	下線	7課
모르다	知らない、わからない	2課				
모으다	貯める、集める	6課			ㅂ	
모이다	集まる	7課		바꾸다	変える、替える	3課
모임	集まり	1課		바뀌다	替わる	8課
모자	帽子	7課		바다	海	1課
모자라다	足らない	2課		바로	まさに、すぐ	1課
목	首、喉	7課		바르다	塗る	5課
목도리	マフラー	8課		바쁘다	忙しい	1課
목요일	木曜日	9課		박물관	博物館	4課
목이 마르다	喉が渇く	9課		밖	外	1課
몸	身体	2課		반	半、クラス	6課
못	～できない	1課		반갑다	（会えて）嬉しい	2課
무슨	何の	2課		반찬	おかず	1課
무슨 일	何事	1課		받다	受け取る	4課
무척	とても、極めて	8課		발	足	10課
문	ドア	1課		발음	発音	2課
문을 닫다	閉店する	4課		밤	夜	4課
문을 열다	開店する	4課		밤늦게	夜遅く	1課
문장	文、センテンス	7課		방	部屋	3課
문제	問題	7課		방금	いましがた	4課
문화	文化	6課		방문	訪問	2課
묻다	尋ねる、訊く	4課		방법	仕方、方法	9課
물	水	7課		방학	（学校の）休み	1課
물가	物価	8課		배가 고프다	お腹が空く	3課
물건	物	5課		배가 부르다	お腹がいっぱいだ	10課
물어보다	尋ねる	2課		배낭 여행	バックパッカー旅行	6課
물을 주다	水をやる	1課		배우다	学ぶ、習う	2課
물품 보관함	コインロッカー	7課		백화점	百貨店	4課
뭘	何を（무엇을の縮約形）	7課		버리다	捨てる	9課
미국	アメリカ	9課		버스	バス	5課
미끄럽다	滑る	8課		-번	～度、～回	1課
미루다	延期する、後回しにする	8課		번호표	番号票	6課
미리	前もって	6課		벌다	稼ぐ	2課
미만	未満	9課		벌써	もう、すでに	4課
미안하다	すまない	2課		벗다	脱ぐ	7課

베트남	ベトナム	4 課	비행기	飛行機	7 課
별거 아니다	大したものではない	2 課	비행기 표	飛行機のチケット	8 課
별로	さほど、あまり	8 課	빌리다	借りる	1 課
병	病気	7 課	빙수	かき氷	5 課
병	瓶	9 課	빠르다	速い	4 課
병원	病院	2 課	빨간불	赤信号	9 課
보고	報告	1 課	빨리	速く	8 課
보기에	見た目に	8 課	빵	パン	3 課
보내다	送る	4 課	뽑다	（番号票を）引く	6 課
보이다	見える	8 課			
보통	普通、普段	2 課		ㅅ	
복	福	7 課	사과	謝罪、りんご	2 課
복잡하다	複雑だ	8 課	사교적이다	社交的だ	5 課
볶다	炒める	1 課	사다	買う	1 課
본인	本人	6 課	사실	事実	4 課
볼일	用事、用	6 課	사이즈	サイズ	7 課
볼펜	ボールペン	9 課	사인	サイン	2 課
봉투	封筒	9 課	사장님	社長	1 課
뵙다	お目にかかる	2 課	사진	写真	3 課
부르다	呼ぶ	3 課	사탕	飴、キャンディ	5 課
부모님	両親	1 課	사항	事項	3 課
부분	部分	5 課	산	山	5 課
부산	プサン（釜山）	7 課	산책	散歩	5 課
부스	ブース	10 課	살을 빼다	痩せる、ダイエットする	6 課
부장님	部長	4 課	살펴보다	詳しく見る、注意深く見る	7 課
부치다	（手紙、荷物を）送る	9 課	삼겹살	サンギョプサル	5 課
부침개	チヂミ	3 課	삼계탕	サムゲタン	3 課
부탁	依頼、お願い	3 課	삼촌	おじさん	2 課
-분	～分	7 課	상하다	傷む	8 課
분리 수거장	分別収集場	9 課	새로	新たに	5 課
분식점	プンシク（粉食）店	7 課	색깔	色	2 課
분위기	雰囲気	4 課	생각	考え	5 課
불고기	プルコギ	10 課	생각보다	思ったより	3 課
불안하다	不安だ	8 課	생기다	生じる	5 課
불편하다	不便だ、調子が悪い	4 課	생신	お誕生日	4 課
붓다	注ぐ、むくむ	7 課	생일	誕生日	5 課
붙다	（試験に）受かる	4 課	생활	生活	8 課
비가 오다	雨が降る	1 課	생활비	生活費	5 課
비슷하다	似ている	4 課	서두르다	急ぐ	8 課
비싸다	（値段が）高い	1 課	서랍	引き出し	4 課

語彙索引 175

서류	書類	1課	슬프다	悲しい	5課
서류를 떼다	書類を発行する	6課	-시	～時	4課
서울시	ソウル市	10課	시간	時間	1課
서점	書店	1課	시간을 내다	時間を割く	6課
서핑	サーフィン	10課	시계	時計	1課
선물	贈り物	2課	시골	田舎	8課
선배	先輩	2課	시끄럽다	うるさい	4課
선생님	先生	1課	시설	施設	9課
설거지	洗い物	8課	시원하다	涼しい、さっぱりする	9課
성격	性格	5課	시작하다	始まる、始める	2課
-세	～歳	9課	시장	市場	4課
세탁기	洗濯機	1課	시켜 먹다	出前をとる	5課
소개하다	紹介する	8課	시키다	させる、注文する	1課
소금	塩	3課	시험	試験	2課
소설	小説	5課	시험 기간	試験期間	1課
소주	焼酎	5課	시험을 보다	試験を受ける	7課
소화제	胃腸薬	3課	식다	冷める	7課
속도	速度	4課	식당	食堂	2課
속상하다	悔しい、気が腐る	8課	식사	食事	7課
속이 안 좋다	お腹（胃）の調子が悪い	3課	식욕	食欲	2課
손	手	1課	식히다	冷ます	7課
손님	客	6課	신경을 쓰다	気を遣う	7課
손을 들다	手を挙げる	1課	신고	申告	9課
쇼핑몰	ショッピングモール	6課	신기하다	不思議だ	5課
수강 신청	履修登録	9課	신다	履く	1課
수고하다	苦労する	1課	신문	新聞	1課
수업	授業	1課	신분증	身分証	9課
수영	水泳	4課	신청하다	申請する	1課
숙제	宿題	10課	신촌	シンチョン（新村）	6課
술	お酒	4課	싣다	積む、載る	4課
쉬는 날	休みの日	10課	실내	室内	9課
쉬다	休む	1課	실물	実物	7課
스케줄	スケジュール	7課	실수	失敗、間違い	8課
스키를 타다	スキーをする	10課	싫어하다	嫌いだ、嫌がる	2課
스타일	スタイル	5課	심심하다	退屈だ	3課
스트레스	ストレス	5課	심하다	ひどい、度が過ぎる	8課
스트레스를 풀다	ストレスを解消する	10課	싱겁다	味が薄い	2課
스트레칭	ストレッチ	7課	싸다	（値段が）安い	2課
스포츠 센터	スポーツセンター	7課	쌀쌀하다	肌寒い	4課
스프	スープ	7課	쌓이다	溜まる、積もる	5課

쓰다	書く、使う	3 課	
쓰레기	ゴミ	9 課	
씻다	洗う	7 課	

ㅇ

아기	赤ちゃん	9 課
아르바이트	アルバイト	6 課
아마	たぶん	4 課
아무 데나	どこにでも	9 課
아무래도	どうしても、やはり	8 課
아무리	たとえ、どんなに	9 課
아버지	お父さん	1 課
아쉽다	残念だ、名残惜しい	8 課
아이돌	アイドル	10 課
아이디어	アイデア	5 課
아이스크림	アイスクリーム	5 課
아직	未だ	2 課
아직 멀었다	まだまだだ	6 課
아침	朝	1 課
아파트	マンション	4 課
악보	楽譜	10 課
안	～しない、～くない	1 課
안	中	3 課
안내 책자	パンフレット	10 課
안내하다	案内する	3 課
안부	安否	3 課
안전	安全	7 課
앉다	座る	1 課
알다	知る、わかる	1 課
알려 주다	教える	1 課
알리다	知らせる	3 課
알맞다	適切だ	8 課
알아듣다	聞き取る、聞き分ける	4 課
알아보다	調べる、わかる	6 課
앞	前	6 課
앞머리	前髪	8 課
앱을 깔다	アプリをダウンロードする	10 課
야구	野球	1 課
야식	夜食	6 課
야채	野菜	2 課

약	薬	5 課
약국	薬局	7 課
약속	約束	2 課
약을 먹다	薬を飲む	5 課
양	量	8 課
어느	どの	4 課
어느 쪽	どちら側	7 課
어둡다	暗い	2 課
어디	どこ	1 課
어때요?	どうですか	2 課
어땠어요?	どうでしたか	8 課
어떤	どのような	5 課
어떻게	どのように	1 課
어렵다	難しい	2 課
어린 왕자	星の王子さま	5 課
어머니	お母さん	1 課
어서	さあ	1 課
어울리다	似合う	5 課
어제	昨日	7 課
언제	いつ	4 課
언제든지	いつでも	9 課
엄마	ママ	1 課
에어컨	エアコン	3 課
여권	パスポート、旅券	6 課
여기	ここ	1 課
여기서	ここで、ここから	4 課
여동생	妹	8 課
여러 나라	様々な国	10 課
여름	夏	2 課
여유	余裕	6 課
여자 친구	彼女	8 課
여쭤보다	お尋ねする	9 課
여행	旅行	2 課
역	駅	4 課
연결하다	繋ぐ、結ぶ	1 課
연극	演劇	6 課
연락	連絡	1 課
연습하다	練習する	9 課
연주회	演奏会	7 課
연휴	連休	8 課

열다	開ける	1課	울다	泣く	10課
열리다	開く、開かれる	1課	웃다	笑う	10課
열쇠	鍵	4課	웃음	笑い	10課
열심히	一生懸命	4課	-월	～月	4課
열이 나다	熱が出る	5課	위로하다	慰める	8課
영국	イギリス	7課	유람선	遊覧船	10課
영어	英語	10課	유럽	ヨーロッパ	2課
영화	映画	1課	유심 카드	SIMカード	1課
옆	横	7課	유원지	遊園地	6課
예매하다	前売りを買う	6課	유학	留学	7課
예쁘다	かわいい、きれいだ	2課	유학생	留学生	3課
예약하다	予約する	6課	은행	銀行	6課
옛날	昔	2課	음료수	飲み物	1課
오늘	今日	1課	음식	食べ物、料理	1課
오르다	上がる	8課	음식물	飲食物	9課
오른쪽	右側	7課	음식물 쓰레기	生ゴミ	9課
오빠	兄（妹から）	8課	음악	音楽	3課
오전	午前	2課	이	この	1課
오후	午後	2課	이거	これ	2課
올라가다	上がる（上がっていく）	1課	이건	これは（이것은の縮約形）	7課
올해	今年	5課	이곳	ここ	6課
옷	服	1課	이대로	このまま	1課
와이파이	Wi-Fi	1課	이따가	少しあとで	3課
와인	ワイン	5課	이름	名前	3課
왜	何故	1課	이번	今度の、今回の	6課
외국	外国	6課	이번 주	今週	2課
외국어	外国語	6課	이사하다	引っ越す	6課
외롭다	寂しい	5課	이상	以上	9課
외식	外食	6課	이야기하다	話す	3課
외우다	覚える	5課	이용하다	利用する	6課
외출하다	外出する	10課	이제	今や	1課
요리	料理	1課	이쪽	こちら	1課
요즘	最近、この頃	1課	이해하다	理解する	6課
우산	傘	4課	인기 있다	人気がある	5課
우울하다	憂鬱だ	5課	인사	あいさつ	3課
운동	運動	5課	인사동	インサドン（仁寺洞）	2課
운동 선수	運動選手	8課	인사하다	あいさつする	7課
운전	運転	6課	인터넷	インターネット	3課
운전면허증	運転免許証	7課	일	仕事、用事	1課
운전하다	運転する	10課	일단	一旦、まずは	10課

일반 쓰레기	可燃ゴミ	9課
일본	日本	7課
일어나다	起きる	1課
일이 생기다	用事ができる	1課
일이 안 풀리다	事が上手くいかない	5課
일정	日程	6課
일주일	一週間	7課
일찍	早く	4課
일하다	働く、仕事する	6課
읽다	読む	1課
입국 심사	入国審査	1課
입다	着る	1課
입력하다	入力する	6課
잇다	繋ぐ	7課

ㅈ

자격증	資格（証）	8課
자다	寝る	5課
자료	資料	6課
자르다	切る	8課
자리	席	1課
자리를 비우다	席を外す	6課
자세하다	詳しい	3課
자신	自信	8課
자전거	自転車	4課
자주	頻繁に	2課
작년	昨年	3課
작문	作文	6課
작성하다	作成する	1課
작업	作業	8課
작품	作品	7課
잘	よく	1課
잘못 나오다	間違って出てくる	2課
잘하다	上手だ	6課
잠깐만	少し、暫し	2課
잠시만	少し、暫し	1課
잠을 자다	寝る	5課
잠이 안 오다	眠れない	3課
잠이 오다	眠くなる	3課
잡채	チャプチェ	3課

장소	場所	3課
장학금	奨学金	6課
재미없다	面白くない	5課
재미있다	面白い	2課
재활용	リサイクル	9課
저	あの	5課
저기	あそこ	1課
저녁	夕方、夕食	1課
저쪽	あちら	1課
저축	貯蓄	5課
적극적이다	積極的だ	5課
적다	少ない	8課
적응하다	適応する、慣れる	8課
전	前	7課
전자 제품	電化製品	9課
전자레인지	電子レンジ	1課
전철	電車	1課
전통	伝統	10課
전통차	伝統茶	4課
전하다	伝える	3課
전화	電話	3課
점심	昼、昼食	1課
젓다	混ぜる	7課
정도	程度	4課
정리하다	整理する	3課
정말	本当	1課
정하다	決める	7課
제	私の	6課
제목	タイトル	5課
제일	一番、最も	1課
제주도	チェジュド（済州島）	8課
제출하다	提出する	7課
제한	制限	9課
조금	少し	2課
조심하다	気をつける	8課
조언	助言、アドバイス	1課
조용하다	静かだ	3課
조용히	静かに	1課
졸업	卒業	8課
졸업하다	卒業する	2課

좀	すこし、ちょっと	2課	짐	荷物	1課
좁다	狭い	2課	집	家	1課
종업원	従業員	2課	집세	家賃	2課
좋다	良い	1課	집을 구하다	家を探す、借りる	6課
좋아하다	好きだ、喜ぶ、好む	2課	짓다	建てる、名付ける	7課
죄송하다	申し訳ない	2課	짜다	塩辛い	5課
주다	あげる、くれる	1課	짧다	短い	5課
주로	主に	5課	-쪽	項、ページ	9課
주말	週末	2課	쯤	くらい、ほど	4課
주무시다	お休みになる	1課	찌개	チゲ	5課
주변	周辺	7課	찍다	撮る	2課
주소	住所	3課			
주차하다	駐車する	9課		ㅊ	
주최하다	主催する	10課	차	お茶	1課
준비	準備	1課	차	車	2課
준비 운동	準備運動	7課	차갑다	冷たい	2課
줄을 서다	(列に) 並ぶ	1課	차례	順番	6課
줄이다	減らす	6課	참	あ、そうだ	1課
중	～中	9課	참가하다	参加する	8課
중국	中国	4課	참다	我慢する	10課
중요하다	重要だ	5課	참석하다	参席する	10課
즐거워하다	楽しがる	8課	참여하다	参加する	10課
즐겁다	楽しい	8課	참치	ツナ	1課
증명사진	証明写真	9課	창문	窓	3課
지각하다	遅刻する	1課	찾다	探す	1課
지갑	財布	5課	찾아보다	調べる	3課
지금	今	4課	책	本	1課
지난 주말	先週末	1課	처리하다	処理する	9課
지난번	この前、先日	5課	처음	初めて、最初	2課
지난주	先週	5課	천천히	ゆっくり	6課
지내다	過ごす	10課	첫	初	8課
지원하다	支援する	9課	청바지	ジーンズ	2課
지키다	守る	6課	청소	掃除	2課
지하도	地下道	6課	체험 행사	体験イベント	4課
지하철	地下鉄	4課	체험하다	体験する	10課
직장 동료	職場の同僚	5課	초급반	初級クラス	8課
직장 생활	職場生活	8課	초대하다	招待する	1課
직접	直接	6課	초등학생	小学生	5課
질리다	飽きる	9課	최고	最高	5課
질문	質問	2課	최근	最近	5課

maru 韓国語 中級

축구	サッカー	8 課		퇴근	退勤	4 課
축제	フェスティバル、お祭り	10 課		퉁퉁	パンパンに	7 課
축하하다	祝う	4 課		특히	特に	5 課
출구	出口	9 課		틀다	(音楽を)かける	3 課
출근	出勤	1 課		티켓	チケット	6 課
출발하다	出発する	6 課				
출장(을) 가다	出張（を）する	4 課			ㅍ	
춤(을) 추다	踊り（を）踊る	2 課		파티	パーティー	4 課
춥다	寒い	4 課		팔다	売る	4 課
취직하다	就職する	2 課		팔리다	売れる	9 課
-층	〜階	1 課		패스워드	パスワード	6 課
치마	スカート	4 課		페스티벌	フェスティバル	10 課
치킨	チキン、鶏肉	2 課		편의점	コンビニ	1 課
치킨집	チキン屋	8 課		편집하다	編集する	10 課
친절하다	親切だ	5 課		편하다	楽だ	2 課
				평소	普段	4 課
	ㅋ			평일	平日	8 課
카페	カフェ	9 課		표	チケット、切符	8 課
캔	缶	9 課		푹	ゆっくりと	5 課
캠핑	キャンプ	3 課		풀다	解く	7 課
컨디션	コンデイション	5 課		품질	品質	7 課
컴퓨터	コンピュータ	9 課		프랑스	フランス	7 課
케이팝	K-POP	4 課		프랑스어	フランス語	10 課
켜다	点ける	3 課		피곤하다	疲れる	1 課
코너	コーナー	1 課		피우다	(タバコを)吸う	9 課
콘서트	コンサート	2 課		필요하다	必要だ	5 課
크게	大きく	7 課				
크다	大きい	6 課			ㅎ	
키가 크다	背が高い	8 課		하루	一日	7 課
				하루 종일	一日中	1 課
	ㅌ			학과 사무실	学科（学部）事務室	7 課
타다	乗る	2 課		학생 회관	学生会館	7 課
태권도	テコンドー	2 課		학원	塾	6 課
택배	宅配	10 課		한 잔	一杯	10 課
택시	タクシー	2 課		한가하다	暇だ	2 課
텔레비전	テレビ	9 課		한강	ハンガン（漢江）	4 課
템플 스테이	宿坊体験	10 課		한글	ハングル	10 課
토요일	土曜日	4 課		한번	一度	3 課
통신사	通信会社	1 課		한번 더	もう一度、もう一回	4 課
통화	通話	1 課		한복	韓服	2 課

語彙索引　181

한식집	韓国料理店	7課
한자	漢字	10課
할머니	おばあさん	1課
할인되다	割引になる	2課
항공권	航空券	8課
항상	いつも	10課
해열제	解熱剤	7課
해외 여행	海外旅行	5課
행사	行事、イベント	4課
헤어스타일	ヘアースタイル	8課
형	兄（弟から）	8課
-호선	～号線	6課
호텔	ホテル	8課
혼나다	叱られる	1課
혼자(서)	ひとり（で）	3課
화가 나다	腹が立つ	5課
화분	植木	1課
화장실	トイレ（化粧室）	7課
화장품	化粧品	1課
확인하다	確認する	7課
환경	環境	7課
환승하다	乗り換える	6課
회사	会社	6課
회식	会食	7課
회원증	会員証	9課
회의	会議	4課
후	後	7課
휴가	休暇	1課
휴게실	休憩室	9課
휴대폰	携帯電話	1課
휴일	休日	5課
힘	力	7課
힘들다	大変だ、しんどい	5課

日本語	韓国語	課
あ		
あ、そうだ	참	1課
あいさつ	인사	3課
あいさつする	인사하다	7課
アイスクリーム	아이스크림	5課
アイデア	아이디어	5課
アイドル	아이돌	10課
会う	만나다	6課
合う	맞다	7課
赤信号	빨간불	9課
赤ちゃん	아기	9課
上がる	오르다	8課
上がる（上がっていく）	올라가다	1課
飽きる	질리다	9課
開く、開かれる	열리다	1課
開ける	열다	1課
あげる、くれる	주다	1課
朝	아침	1課
朝寝坊（を）する	늦잠(을) 자다	1課
足	발	10課
味	맛	2課
味が薄い	싱겁다	2課
明日	내일	4課
預ける	맡기다	7課
あそこ	저기	1課
遊ぶ	놀다	6課
暖かい	따뜻하다	3課
温める	데우다	1課
あちら	저쪽	1課
暑い	덥다	2課
熱い	뜨겁다	7課
集まり	모임	1課
集まる	모이다	7課
あと、後ろ	뒤	7課
後	후	7課
あとで	나중에	5課
兄（妹から）	오빠	8課
兄（弟から）	형	8課
あの	저	5課

日本語	韓国語	課
アプリをダウンロードする	앱을 깔다	10課
甘い	달다	5課
余る、残る	남다	5課
飴、キャンディ	사탕	5課
雨が降る	비가 오나	1課
アメリカ	미국	9課
洗い物	설거지	8課
洗う	씻다	7課
新たに	새로	5課
ありがたい	고맙다	1課
歩いて	걸어서	4課
歩く	걷다	4課
アルバイト	아르바이트	6課
安全	안전	7課
案内する	안내하다	3課
安否	안부	3課
い		
言い争う	다투다	2課
言う、話す	말(을) 하다	5課
言うことを聞かない	말을 안 듣다	8課
家を探す、借りる	집을 구하다	6課
息苦しい	답답하다	8課
イギリス	영국	7課
以上	이상	9課
忙しい	바쁘다	1課
急ぎだ	급하다	5課
急ぐ	서두르다	8課
傷む	상하다	8課
炒める	볶다	1課
一度	한번	3課
一日	하루	7課
一日中	하루 종일	1課
一番、最も	제일	1課
胃腸薬	소화제	3課
いつ	언제	4課
一週間	일주일	7課
一生懸命	열심히	4課
一緒に	같이	2課
一旦、まずは	일단	10課

語彙索引 183

行ってくる	갔다 오다	7課
行ってくる	다녀오다	1課
いつでも	언제든지	9課
一杯	한 잔	10課
いつも	항상	10課
田舎	시골	8課
犬	개	10課
今	지금	4課
いましがた	방금	4課
未だ	아직	2課
今や	이제	1課
妹	여동생	8課
依頼、お願い	부탁	3課
入れる	넣다	7課
色	색깔	2課
祝う	축하하다	4課
インサドン（仁寺洞）	인사동	2課
インターネット	인터넷	3課

う

植木	화분	1課
(試験に) 受かる	붙다	4課
受け取る	받다	4課
受け持つ、預かる	맡다	3課
歌	노래	2課
家	집	1課
内気だ	내성적이다	5課
海	바다	1課
売り切れる	매진되다	8課
売る	팔다	4課
うるさい	시끄럽다	4課
(会えて) 嬉しい	반갑다	2課
嬉しい	기쁘다	8課
売れる	팔리다	9課
運転	운전	6課
運転する	운전하다	10課
運転免許証	운전면허증	7課
運動	운동	5課
運動選手	운동 선수	8課

え

エアコン	에어컨	3課
映画	영화	1課
映画館、劇場	극장	6課
英語	영어	10課
駅	역	4課
選ぶ	고르다	1課
延期する、後回しにする	미루다	8課
演劇	연극	6課
演奏会	연주회	7課

お

おいしい	맛있다	1課
おいしいお店	맛집	3課
終える	끝내다	7課
多い	많다	1課
大きい	크다	6課
大きく	크게	7課
お母さん	어머니	1課
お菓子	과자	3課
おかず	반찬	1課
お金	돈	2課
お金をおろす	돈을 찾다	6課
お金を稼ぐ	돈을 벌다	2課
起きる	일어나다	1課
贈り物	선물	2課
送る	보내다	4課
(手紙、荷物を) 送る	부치다	9課
お酒	술	4課
教える	가르치다	3課
教える	알려 주다	1課
おじさん	삼촌	2課
押す	누르다	9課
押す	밀다	1課
遅い、遅れる	늦다	1課
遅く	늦게	1課
お尋ねする	여쭤보다	9課
お誕生日	생신	4課
お茶	차	1課
仰る	말씀하시다	1課

184　maru 韓国語 中級

お手伝いする	도와드리다	6 課
お父さん	아버지	1 課
弟	남동생	8 課
踊り（を）踊る	춤(을) 추다	2 課
お腹（胃）の調子が悪い	속이 안 좋다	3 課
お腹がいっぱいだ	배가 부르다	10 課
お腹が空く	배가 고프다	3 課
（まったく）同じだ、そっくりだ	똑같다	8 課
おばあさん	할머니	1 課
お弁当	도시락	4 課
覚える	외우다	5 課
お店	가게	4 課
お目にかかる	뵙다	2 課
思い出す	기억이 나다	8 課
思い通りに、勝手に	마음대로	9 課
面白い	재미있다	2 課
面白くない	재미없다	5 課
思ったより	생각보다	3 課
主に	주로	5 課
お休みになる	주무시다	1 課
おやつ	간식	8 課
降りる、降る	내리다	6 課
お礼のあいさつ	감사 인사	2 課
終わり	끝	9 課
終わる	끝나다	2 課
音楽	음악	3 課

か

課	과	5 課
～階	-층	1 課
会員証	회원증	9 課
海外旅行	해외 여행	5 課
会議	회의	4 課
外国	외국	6 課
外国語	외국어	6 課
会社	회사	6 課
外出する	외출하다	10 課
会食	회식	7 課
外食	외식	6 課

開店する	문을 열다	4 課
買う	사다	1 課
帰ってくる	돌아오다	8 課
変える、替える	바꾸다	3 課
価格	가격	7 課
価格	값	7 課
（時間が）かかる	걸리다	4 課
鍵	열쇠	4 課
かき氷	빙수	5 課
書く、使う	쓰다	3 課
学生会館	학생 회관	7 課
確認する	확인하다	7 課
楽譜	악보	10 課
（音楽を）かける	틀다	3 課
傘	우산	4 課
歌詞	가사	8 課
歌手	가수	2 課
風邪気味	감기 기운	7 課
稼ぐ	벌다	2 課
風邪薬	감기약	7 課
風邪をひく	감기에 걸리다	5 課
下線	밑줄	7 課
家族	가족	5 課
課題	과제	6 課
課長	과장님	1 課
～月	-월	4 課
学科（学部）事務室	학과 사무실	7 課
悲しい	슬프다	5 課
必ず、是非	꼭	9 課
かなり	꽤	4 課
可燃ゴミ	일반 쓰레기	9 課
彼女	여자 친구	8 課
カフェ	카페	9 課
我慢する	참다	10 課
かゆい	가렵다	5 課
カラオケ	노래방	5 課
身体	몸	2 課
借りる	빌리다	1 課
彼氏	남자 친구	8 課
川	강	5 課

語彙索引 185

かわいい	귀엽다	5課
かわいい、きれいだ	예쁘다	2課
替わる	바뀌다	8課
缶	캔	9課
考え	생각	5課
観客	관객	3課
環境	환경	7課
韓国料理店	한식집	7課
漢字	한자	10課
韓服	한복	2課

き

着替える	갈아입다	1課
期間	기간	2課
聞き取る、聞き分ける	알아듣다	4課
聞く	듣다	4課
聞える	들리다	7課
寄宿舎	기숙사	5課
ギターを弾く	기타를 치다	3課
気に入る	마음에 들다	3課
気にかかる	궁금하다	8課
昨日	어제	7課
気分	기분	5課
気分が良い	기분이 좋다	10課
期末試験	기말 시험	4課
キムチ	김치	1課
キムチを漬ける	김치를 담그다	10課
決める	정하다	7課
客	손님	6課
キャンプ	캠핑	3課
休暇	휴가	1課
休憩室	휴게실	9課
休日	휴일	5課
今日	오늘	1課
行事、イベント	행사	4課
教室	교실	2課
教授	교수님	1課
競争	경쟁	8課
興味がある	관심이 있다	5課
キョデ（教大）駅	교대역	6課

距離	거리	4課
キョンボックン（景福宮）	경복궁	3課
嫌いだ、嫌がる	싫어하다	2課
切る	끊다	3課
着る	입다	1課
切る	자르다	8課
きれいだ	곱다	2課
切れる	끊기다	4課
気を遣う	신경을 쓰다	7課
気をつける	조심하다	8課
禁煙	금연	9課
銀行	은행	6課
近所、近く、近くの	근처	7課
緊張する	긴장하다	8課

く

空港	공항	6課
薬	약	5課
薬を飲む	약을 먹다	5課
靴	구두	3課
国	나라	5課
首、喉	목	7課
区役所	구청	9課
悔しい、気が腐る	속상하다	8課
暗い	어둡다	2課
くらい、ほど	쯤	4課
車	차	2課
苦労する	수고하다	1課
詳しい	자세하다	3課
詳しく見る、注意深く見る	살펴보다	7課

け

計画	계획	5課
経験	경험	3課
携帯電話	휴대폰	1課
経歴	경력	9課
K-POP	케이팝	4課
ゲーム	게임	1課
化粧品	화장품	1課
消す	끄다	3課

結果	결과	8課	これ	이거	2課
結婚する	결혼하다	7課	これは (이것은の縮約形)	이건	7課
決定する	결정하다	7課	怖がりだ	겁이 많다	10課
解熱剤	해열제	7課	コンサート	콘서트	2課
検索する	검색하다	2課	今週	이번 주	2課
見物する	구경하다	4課	コンデイション	컨디션	5課
			今度の、今回の	이번	6課
			コンビニ	편의점	1課
	こ		コンピュータ	컴퓨터	9課
子犬	강아지	7課			
コインロッカー	물품 보관함	7課			
公演	공연	8課		さ	
公園	공원	4課	さあ	어서	1課
交換する	교환하다	8課	サーフィン	서핑	10課
講義	강의	4課	~歳	–세	9課
講義室	강의실	9課	最近	최근	5課
公休日	공휴일	4課	最近、この頃	요즘	1課
航空券	항공권	8課	最後	마지막	8課
講師	강사	9課	最高	최고	5課
~号線	–호선	6課	サイズ	사이즈	7課
交通	교통	4課	財布	지갑	5課
交通費	교통비	2課	サイン	사인	2課
購入する	구매하다	1課	探す	찾다	1課
コーナー	코너	1課	作業	작업	8課
国際運転免許証	국제 운전면허증	6課	作成する	작성하다	1課
ここ	여기	1課	昨年	작년	3課
ここ	이곳	6課	作品	작품	7課
午後	오후	2課	作文	작문	6課
ここで、ここから	여기서	4課	差し上げる	드리다	3課
午前	오전	2課	させる、注文する	시키다	1課
コチュジャン	고추장	8課	サッカー	축구	8課
こちら	이쪽	1課	寂しい	외롭다	5課
骨董品	골동품	4課	さほど、あまり	별로	8課
事が上手くいかない	일이 안 풀리다	5課	様々な国	여러 나라	10課
今年	올해	5課	冷ます	식히다	7課
異なる	다르다	8課	寒い	춥다	4課
この	이	1課	サムゲタン	삼계탕	3課
この前、先日	지난번	5課	冷める	식다	7課
このまま	이대로	1課	騒ぐ	떠들다	9課
困る	곤란하다	10課	参加する	참가하다	8課
ゴミ	쓰레기	9課	参加する	참여하다	10課

語彙索引　187

サンギョプサル	삼겹살	5 課	住所	주소	3 課
参席する	참석하다	10 課	就職する	취직하다	2 課
残念だ、名残惜しい	아쉽다	8 課	周辺	주변	7 課
散歩	산책	5 課	週末	주말	2 課
			重要だ	중요하다	5 課

し

～時	–시	4 課	授業	수업	1 課
ジーンズ	청바지	2 課	塾	학원	6 課
支援する	지원하다	9 課	祝祭日、節句	명절	8 課
塩	소금	3 課	宿題	숙제	10 課
塩辛い	짜다	5 課	宿坊体験	템플 스테이	10 課
資格（証）	자격증	8 課	主催する	주최하다	10 課
仕方、方法	방법	9 課	出勤	출근	1 課
叱られる	혼나다	1 課	出張（を）する	출장(을) 가다	4 課
時間	시간	1 課	出発する	출발하다	6 課
時間を割く	시간을 내다	6 課	取得する	따다	7 課
試験	시험	2 課	順番	차례	6 課
試験期間	시험 기간	1 課	準備	준비	1 課
試験を受ける	시험을 보다	7 課	準備運動	준비 운동	7 課
事項	사항	3 課	紹介する	소개하다	8 課
仕事、用事	일	1 課	奨学金	장학금	6 課
事実	사실	4 課	小学生	초등학생	5 課
市場	시장	4 課	生じる	생기다	5 課
自信	자신	8 課	上手だ	잘하다	6 課
静かだ	조용하다	3 課	小説	소설	5 課
静かに	조용히	1 課	招待する	초대하다	1 課
施設	시설	9 課	焼酎	소주	5 課
室内	실내	9 課	証明写真	증명사진	9 課
失敗、間違い	실수	8 課	醤油	간장	3 課
実物	실물	7 課	初級クラス	초급반	8 課
質問	질문	2 課	食事	식사	7 課
自転車	자전거	4 課	食堂	식당	2 課
～しない、～くない	안	1 課	職場生活	직장 생활	8 課
SIM カード	유심 카드	1 課	職場の同僚	직장 동료	5 課
閉める	닫다	3 課	食欲	식욕	2 課
社交的だ	사교적이다	5 課	助言、アドバイス	조언	1 課
謝罪、りんご	사과	2 課	ショッピングモール	쇼핑몰	6 課
写真	사진	3 課	書店	서점	1 課
社長	사장님	1 課	処理する	처리하다	9 課
従業員	종업원	2 課	書類	서류	1 課
			書類を発行する	서류를 떼다	6 課

188　maru 韓国語 中級

知らせる	알리다	3課	ストレッチ	스트레칭	7課
知らない、わからない	모르다	2課	スピーチ大会	말하기 대회	10課
調べる	찾아보다	3課	すべて	다	2課
調べる、わかる	알아보다	6課	すべて、皆	모두	8課
資料	자료	6課	滑る	미끄럽다	8課
汁、スープ	국	7課	スポーツセンター	스포츠 센터	7課
知る、わかる	알다	1課	すまない	미안하다	2課
申告	신고	9課	座る	앉다	1課
信じる	믿다	4課			

せ

申請する	신청하다	1課	性格	성격	5課
親切だ	친절하다	5課	生活	생활	8課
シンチョン（新村）	신촌	6課	生活費	생활비	5課
心配	걱정	8課	清潔だ	깨끗하다	3課
心配だ	걱정되다	8課	制限	제한	9課
新聞	신문	1課	整理する	정리하다	3課
			背が高い	키가 크다	8課

す

水泳	수영	4課	席	자리	1課
（タバコを）吸う	피우다	9課	咳が出る	기침이 나다	7課
スープ	스프	7課	席を外す	자리를 비우다	6課
スカート	치마	4課	積極的だ	적극적이다	5課
スキーをする	스키를 타다	10課	狭い	좁다	2課
好きだ、喜ぶ、好む	좋아하다	2課	先週	지난주	5課
少ない	적다	8課	先週末	지난 주말	1課
すぐに、間もなく	곧	8課	先生	선생님	1課
すぐに、今さっき	금방	1課	洗濯機	세탁기	1課
すぐに、ただちに	당장	8課	先輩	선배	2課
スケジュール	스케줄	7課			

そ

すごい	대단하다	4課	掃除	청소	2課
少し	조금	2課	そうしましょう、そうです	그래요	3課
少し、暫し	잠깐만	2課	そうですか	그래요?	7課
少し、暫し	잠시만	1課	そうですねえ	글쎄요	8課
すこし、ちょっと	좀	2課	ソウル市	서울시	10課
少しあとで	이따가	3課	速度	속도	4課
過ごす	지내다	10課	そこ	거기	6課
涼しい、さっぱりする	시원하다	9課	そして	그리고	4課
スタイル	스타일	5課	注ぐ、むくむ	붓다	7課
捨てる	버리다	9課	育てる、飼う	기르다	10課
ストレス	스트레스	5課	そちら側	그쪽	3課
ストレスを解消する	스트레스를 풀다	10課			

語彙索引 189

卒業	졸업	8課	頼もしい	든든하다	6課
卒業する	졸업하다	2課	タバコ	담배	9課
外	밖	1課	たぶん	아마	4課
その間	그동안	10課	多文化	다문화	10課
その言葉	그 말	4課	食べ過ぎる	과식하다	3課
そのとおりです	맞아요	5課	食べ物、料理	음식	1課
その時、あの時	그때	8課	飲食物	음식물	9課
そのまま、ただ	그냥	1課	溜まる、積もる	쌓이다	5課
そのままにしておく	그냥 두다	8課	貯める、集める	모으다	6課
それで	그래서	2課	足らない	모자라다	2課
それでは	그러면	3課	誰が	누가	1課
それは（그것은の縮約形）	그건	7課	単語	단어	5課
			単語試験	단어 시험	8課
			誕生日	생일	5課

	た					
ダイエット	다이어트	1課				
大学	대학	6課		ち		
大学校	대학교	2課	チェジュド（済州島）	제주도	8課
退勤	퇴근	4課	近い	가깝다	4課
退屈だ	심심하다	3課	地下鉄	지하철	4課
体験イベント	체험 행사	4課	地下道	지하도	6課
体験する	체험하다	10課	力	힘	7課
大したものではない	별거 아니다	2課	チキン、鶏肉	치킨	2課
大丈夫だ	괜찮다	2課	チキン屋	치킨집	8課
タイトル	제목	5課	チゲ	찌개	5課
大変だ、しんどい	힘들다	5課	チケット	티켓	6課
対話文	대화문	7課	チケット、切符	표	8課
（値段が）高い	비싸다	1課	遅刻する	지각하다	1課
たくさん、とても	많이	2課	チヂミ	부침개	3課
タクシー	택시	2課	チャプチェ	잡채	3課
宅配	택배	10課	～中	중	9課
出す	내다	1課	中国	중국	4課
助ける	돕다	2課	駐車する	주차하다	9課
尋ねる	물어보다	2課	直接	직접	6課
尋ねる、訊く	묻다	4課	貯蓄	저축	5課
タッカルビ	닭갈비	5課				
建物	건물	7課		つ		
建てる、名付ける	짓다	7課	通信会社	통신사	1課
たとえ、どんなに	아무리	9課	通話	통화	1課
楽しい	즐겁다	8課	疲れる	피곤하다	1課
楽しがる	즐거워하다	8課	次、次の	다음	2課

190　maru 韓国語 中級

次（に）	다음에	1課
点ける	켜다	3課
伝える	전하다	3課
ツナ	참치	1課
繋ぐ	잇다	7課
繋ぐ、結ぶ	연결하다	1課
積む、載る	싣다	4課
冷たい	차갑다	2課
辛い	맵다	2課

て		
手	손	1課
提出する	제출하다	7課
程度	정도	4課
出かける、出ていく	나가다	3課
適応する、慣れる	적응하다	8課
適切だ	알맞다	8課
～できない	못	1課
出口	출구	9課
テコンドー	태권도	2課
デザート	디저트	5課
デザイン	디자인	7課
手伝う	도와주다	3課
出てくる	나오다	8課
では	그럼	1課
出前をとる	시켜 먹다	5課
テレビ	텔레비전	9課
手を挙げる	손을 들다	1課
電化製品	전자 제품	9課
天気	날씨	2課
電車	전철	1課
テンジャンチゲ	된장찌개	6課
電子レンジ	전자레인지	1課
伝統	전통	10課
伝統茶	전통차	4課
電話	전화	3課

と		
～度、～回	-번	1課
ドア	문	1課

トイレ（化粧室）	화장실	7課
動画	동영상	10課
同好会	동호회	6課
どうしても、やはり	아무래도	8課
到着する	도착하다	4課
どうでしたか	어땠어요?	8課
どうですか	어때요?	2課
同僚	동료	5課
登録する	등록하다	6課
遠い	멀다	4課
時	때	5課
解く	풀다	7課
特に	특히	5課
時計	시계	1課
どこ	어디	1課
どこにでも	아무 데나	9課
ところ、場所	곳	5課
ところ	데	5課
ところで	그런데	1課
登山	등산	2課
都心	도심	6課
どちら側	어느 쪽	7課
トッポッキ	떡볶이	5課
とても、あまりにも	너무	1課
とても、極めて	무척	8課
どの	어느	4課
どのような	어떤	5課
どのように	어떻게	1課
飛び跳ねる	뛰다	9課
土曜日	토요일	4課
ドラマ	드라마	5課
取引先	거래처	1課
撮る	찍다	2課

な		
内容	내용	5課
治る、より良い	낫다	7課
中	안	3課
長い	길다	4課
長さ	길이	4課

泣く	울다	10 課	眠くなる	잠이 오다	3 課
慰める	위로하다	8 課	眠れない	잠이 안 오다	3 課
何故	왜	1 課	寝る	자다	5 課
夏	여름	2 課	寝る	잠을 자다	5 課
何事	무슨 일	1 課	～年	-년	9 課
何を（무엇을の縮約形）	뭘	7 課	年齢	나이	9 課
名前	이름	3 課			

の

怠け者だ、横着だ	게으르다	8 課	逃す	놓치다	1 課
生ゴミ	음식물 쓰레기	9 課	喉が渇く	목이 마르다	9 課
涙が出る	눈물이 나다	7 課	飲み物	음료수	1 課
悩み	고민	3 課	飲む	마시다	2 課
（列に）並ぶ	줄을 서다	1 課	海苔	김	5 課
なる	되다	6 課	乗り換える	환승하다	6 課
何時	몇 시	4 課	のり巻き	김밥	5 課
何日	며칠	7 課	乗る	타다	2 課
何の	무슨	2 課			
何番、何度、何回	몇 번	9 課			
何ページ	몇 쪽	9 課			

は

			パーティー	파티	4 課
			入る（入っていく）	들어가다	8 課

に

似合う	어울리다	5 課	履く	신다	1 課
肉	고기	2 課	博物館	박물관	4 課
偽物	가짜	4 課	はさみ	가위	3 課
日程	일정	6 課	始まる、始める	시작하다	2 課
似ている	닮다	8 課	初めて、最初	처음	2 課
似ている	비슷하다	4 課	場所	장소	3 課
日本	일본	7 課	バス	버스	5 課
荷物	짐	1 課	パスポート、旅券	여권	6 課
入国審査	입국 심사	1 課	パスワード	패스워드	6 課
入力する	입력하다	6 課	肌寒い	쌀쌀하다	4 課
煮る、沸かす	끓이다	6 課	働く、仕事する	일하다	6 課
人気がある	인기 있다	5 課	初	첫	8 課
			発音	발음	2 課
			バックパッカー旅行	배낭 여행	6 課

ぬ

脱ぐ	벗다	7 課	話す	이야기하다	3 課
塗る	바르다	5 課	速い	빠르다	4 課
			速く	빨리	8 課

ね

			早く	일찍	4 課
猫	고양이	10 課	腹が立つ	화가 나다	5 課
熱が出る	열이 나다	5 課	パン	빵	3 課

192 maru 韓国語 中級

半、クラス	반	6 課
ハンガン（漢江）	한강	4 課
ハングル	한글	10 課
番号票	번호표	6 課
判子を押す	도장을 찍다	1 課
パンパンに	퉁퉁	7 課
パンフレット	안내 책자	10 課

ひ

日	날	5 課
ヒアリング	듣기	8 課
ビール	맥주	2 課
引き出し	서랍	4 課
（番号票を）引く	뽑다	6 課
（線を）引く	긋다	7 課
飛行機	비행기	7 課
飛行機のチケット	비행기 표	8 課
引っ越す	이사하다	6 課
必要だ	필요하다	5 課
ひどい、度が過ぎる	심하다	8 課
ひとり（で）	혼자(서)	3 課
暇だ	한가하다	2 課
百貨店	백화점	4 課
病院	병원	2 課
病気	병	7 課
美容室	미용실	8 課
昼	낮	7 課
昼、昼食	점심	1 課
広い	넓다	4 課
瓶	병	9 課
品質	품질	7 課
頻繁に	자주	2 課

ふ

不安だ	불안하다	8 課
封切る、リリースする	개봉하다	7 課
ブース	부스	10 課
封筒	봉투	9 課
フェスティバル	페스티벌	10 課
フェスティバル、お祭り	축제	10 課

福	복	7 課
服	옷	1 課
複雑だ	복잡하다	8 課
プサン（釜山）	부산	7 課
不思議だ	신기하다	5 課
豚カルビ	돼지갈비	5 課
再び	다시	8 課
普段	평소	4 課
部長	부장님	4 課
普通、普段	보통	2 課
物価	물가	8 課
部分	부분	5 課
不便だ、調子が悪い	불편하다	4 課
フランス	프랑스	7 課
フランス語	프랑스어	10 課
プルコギ	불고기	10 課
故郷、地元	고향	1 課
～分	－분	7 課
文、センテンス	문장	7 課
雰囲気	분위기	4 課
文化	문화	6 課
プンシク（粉食）店	분식점	7 課
分別収集場	분리 수거장	9 課

へ

ヘアースタイル	헤어스타일	8 課
平日	평일	8 課
閉店する	문을 닫다	4 課
項、ページ	－쪽	9 課
ベトナム	베트남	4 課
部屋	방	3 課
減らす	줄이다	6 課
返事	답장	8 課
編集する	편집하다	10 課

ほ

報告	보고	1 課
帽子	모자	7 課
訪問	방문	2 課
ボールペン	볼펜	9 課

語彙索引 193

他の人	다른 사람	4課	水をやる	물을 주다	1課
星の王子さま	어린 왕자	5課	見た目に	보기에	8課
ホテル	호텔	8課	道	길	2課
ホラー映画	공포 영화	10課	道が混む	길이 막히다	1課
本	책	1課	道に迷う	길을 잃어버리다	10課
本当	정말	1課	道を知らない、	길을 모르다	2課
本人	본인	6課	道がわからない		
			見て回る	둘러보다	4課
			皆	다들	8課
ま			身分証	신분증	9課
マート、大型スーパー	마트	7課	未満	미만	9課
毎年	매년	10課	ミリリットル	밀리리터	7課
毎日	매일	4課			
前	전	7課	**む**		
前売りを買う	예매하다	6課	昔	옛날	2課
前髪	앞머리	8課	剥く（むく）	깎다	3課
前もって	미리	6課	難しい	어렵다	2課
前	앞	6課	娘	딸	8課
まさに、すぐ	바로	1課			
まず、先に	먼저	1課	**め**		
まずい	맛없다	2課	目	눈	7課
混ぜる	젓다	7課	メール	메일	2課
また	또	8課	メールアドレス	메일주소	3課
まだまだだ	아직 멀었다	6課	召し上がる	드시다	1課
町、近所	동네	4課	メニュー	메뉴	7課
間違って出てくる	잘못 나오다	2課	麺	면	7課
待つ	기다리다	1課	免税店	면세점	7課
窓	창문	3課	面接	면접	4課
学ぶ、習う	배우다	2課			
マフラー	목도리	8課	**も**		
ママ	엄마	1課	もう、すでに	벌써	4課
守る	지키다	6課	もう一度、もう一回	한번 더	4課
回す	돌리다	1課	申し訳ない	죄송하다	2課
回る、曲がる	돌다	7課	木曜日	목요일	9課
マンション	아파트	4課	もちろんです	그럼요	4課
			持つ	들다	2課
み			持っていく	가지고 가다	4課
見える	보이다	8課	最も	가장	5課
右側	오른쪽	7課	求める、探す	구하다	6課
短い	짧다	5課	物	물건	5課
水	물	7課			

194　maru 韓国語 中級

もの、事	것	5課
ものは（것은の縮約形）	건	9課
問題	문제	7課

や

野球	야구	1課
約束	약속	2課
野菜	야채	2課
夜食	야식	6課
（値段が）安い	싸다	2課
（学校の）休み	방학	1課
休みの日	쉬는 날	10課
休む	쉬다	1課
痩せる、ダイエットする	살을 빼다	6課
家賃	집세	2課
薬局	약국	7課
山	산	5課

ゆ

憂鬱だ	우울하다	5課
遊園地	놀이공원	8課
遊園地	유원지	6課
夕方、夕食	저녁	1課
遊覧船	유람선	10課
ゆっくり	천천히	6課
ゆっくりと	푹	5課

よ

夜	밤	4課
良い	좋다	1課
用事、用	볼일	6課
用事ができる	일이 생기다	1課
ヨーロッパ	유럽	2課
よく	잘	1課
横	옆	7課
横になる	눕다	6課
呼ぶ	부르다	3課
読む	읽다	1課
予約する	예약하다	6課
余裕	여유	6課

より、もっと	더	4課
夜遅く	밤늦게	1課

ら

ラーメンを作る（煮る）	라면을 끓이다	1課
来月	다음 달	4課
来週	다음 주	1課
来年	내년	5課
楽だ	편하다	2課

り

理解する	이해하다	6課
リサイクル	재활용	9課
履修登録	수강 신청	9課
留学	유학	7課
留学生	유학생	3課
量	양	8課
両親	부모님	1課
利用する	이용하다	6課
料理	요리	1課
旅行	여행	2課

る

ルームメイト	룸메이트	8課

れ

冷蔵庫	냉장고	8課
レモン茶	레몬차	7課
連休	연휴	8課
練習する	연습하다	9課
連絡	연락	1課

わ

Wi-Fi	와이파이	1課
ワイン	와인	5課
沸く	끓다	7課
私の	제	6課
渡る	건너다	6課
笑い	웃음	10課
笑う	웃다	10課
割引になる	할인되다	2課

著者略歴

韓必南（ハン ピルナム）

  専門は韓国語学、対照言語学

  東京外国語大学大学院博士課程修了、博士（学術）

  現在、東京外国語大学、青山学院大学非常勤講師、中央大学、明治大学兼任講師

金民（キム ミン）

  専門は韓国語学、対照言語学

  東京外国語大学大学院博士課程修了、博士（学術）

  現在、アジア言語文化研究所（大韓民国）研究員・代表講師、ブックナレーター

全恵子（チョン ヘジャ）

  専門は韓国語学

  東京大学大学院博士課程修了、博士（文学）

  現在、中央大学兼任講師、青山学院大学、東洋大学非常勤講師

maru 韓国語 中級

初版発行 2024年12月31日

著　　者　韓必南・金民・全恵子
発 行 人　中嶋 啓太

発 行 所　博英社
　　　　　〒 370-0006 群馬県 高崎市 間屋町 4-5-9 SKYMAX-WEST
　　　　　TEL 027-381-8453 / FAX 027-381-8457
　　　　　E・MAIL hakueisha@hakueishabook.com
　　　　　HOMEPAGE www.hakueishabook.com

ISBN　　　978-4-910132-85-3

Ⓒ 韓必南・金民・全恵子, 2024, Printed in Korea by Hakuei Publishing Company.

＊乱丁・落丁本は、送料小社負担にてお取替えいたします。
＊本書の全部または一部を無断で複写複製(コピー)することは、著作権法上での例外を除き、禁じられています。